Klaus Huhn

Mord durch Tabletten.
Der Fall Contergan

SPOTLESS

ISBN 978-3-360-02024-6

spotless erscheint im Verlag edition ost
Redaktion: Frank Schumann

Umschlaggestaltung/Satz: edition ost
Cover-Foto: WDR/Willi Weber

Druck und Bindung: Salzland Druck, Staßfurt

Ein Verlagsverzeichnis schicken wir Ihnen gern:
Das Neue Berlin Verlagsgesellschaft mbH
Neue Grünstr. 18, 10179 Berlin
Fax 01805/35 35 42
Tel. 01805/30 99 99 (0,14 Euro/Min. aus dem deutschen Festnetz,
abweichende Preise für Mobilfunkteilnehmer)

Die Bücher von spotless werden von der
Eulenspiegel Verlagsgruppe vertrieben.
Bezug im Abonnement: 12 Ausgaben im Jahr,
Jahresabonnement Inland 59,50 Euro,
Europa 74,50 Euro, Welt 84,50 Euro
Einzelausgabe: 5,95 Euro
www.spotlessverlag.de

Inhalt

Mit Ihrem nun schon 20 Tage dauernden Hungerstreik machen Sie sehr eindringlich auf die Situation der noch lebenden 2.800 Contergangeschädigten und ihrer Angehörigen aufmerksam. Ihre Wut und Verzweiflung ist mir verständlich– inakzeptabel das Schweigen der Bundesregierung. Daran ändern auch die Verdopplung der sogenannten Conterganrenten seit dem 1. Juli 2008, die in Aussicht gestellten Parkplatzerleichterungen sowie mögliche Einmalzahlungen aus den 50 Millionen Euro des Schadenverursachers Grünenthal GmbH nicht viel. Rechnet man dieses Geld auf jede/n herunter, ist damit noch nicht einmal ein ordentlicher Zahnersatz bezahlbar, geschweige denn eine umfassende Teilhabeermöglichung, Gesundheitsversorgung und Alterssicherung.

MdB/Linke Ilja Seifert
in einem Brief am 7. Oktober 2008 an Gihan Higasi,
Helga und Stephan Nuding in Bergisch Gladbach

Nachklänge

Als ich ihn Anfang Dezember 2009 im Fernsehen sah, staunte ich fassungslos. Ich war Christian Ruhe nie zuvor begegnet und sah nun, wie er sich mit den Zehen durch einen Aktenordner blätterte, und es mit unübertrefflicher Geschicklichkeit tat. Als er die gesuchte Seite nicht fand, setzte er sich an den PC und suchte dort. Mit Fingerstummeln bediente er die Tastatur.

Am Ende des kurzen Einspiels überreichte ihm eine charmante Moderatorin einen attraktiv gestaltete Trophäe, die er allerdings nicht mit der üblichen Geste entgegennehmen konnte, weil sein rechter Arm so kurz ist, dass dieser nur bis etwa dorthin reicht, wo bei einem nicht missgebildeten Menschen der Ellenbogen beginnt.

Über dieser anrührenden Szene strahlte dabei ein unbeschreiblich gutmütiges Gesicht – ein unvergesssliches Bild!

Die *ARD*, die ihm an jenem Spätnachmittag einen der drei »Brisant-Brillant«-Preise des Jahres 2009 verliehen hatte, begründete die Entscheidung mit folgenden Worten: »Christian Ruhe: Beistand für Contergan-Opfer. 1957 brachte die Firma Grünenthal ihren größten Verkaufsschlager auf den Markt: das Schlaf- und Beruhigungsmittel Contergan. Dessen Wirkstoff Thalidomid galt als besonders gut verträglich. Contergan war frei verkäuflich. 1960 griffen täglich etwa 700.000 Bundesbürger zu dem Mittel. Doch das Medikament verwandelte den Traum vom Schlaf ohne Nebenwirkungen in einen Albtraum. Weil Contergan zu schweren Missbildungen bei Neugeborenen führte, wurde es im November 1961 schließlich vom Markt genommen.

Nach Informationen des Bundesverbandes der Contergan-Geschädigten kamen als Folge der Medikamenteneinnahme etwa 5.000 schwer missgebildete Kinder auf die Welt. In Deutschland leben heute noch rund 2.800 Geschädigte. Christian Ruhe ist Vorsitzender des Hilfswerks für Gliedmaßengeschädigte. Er kümmert sich unter anderem darum, dass der größte Skandal in der Arzneimittelgeschichte der Bundesrepublik Deutschland nicht in Vergessenheit gerät. Der Verein hilft rund 1.000 Mitgliedern und steht beratend zur Seite.«

Um vor allem Rechtsanwälte der Pharmaindustrie vor unbedachten Handlungen – zum Beispiel die Beantragung einstweiliger Verfügungen inklusive Strafandrohungen gegen den Autor dieser Zeilen – zu bewahren, sei noch einmal darauf hingewiesen, dass der zitierte Text einer *ARD*-Internetseite entnommen wurde. Dieser Hinweis scheint vonnöten, weil in den fünf Jahrzehnten seit der durch jenes Medikament ausgelösten Katastrophe zahlreiche Beispiele bekannt wurden, bei denen die Contergan-Herstellerfirma mit einer Schar von Advokaten jede Publikation zu diesem Thema verfolgte.

Deshalb gilt für Advokaten gleich zu Beginn: Diesbezügliche Beschwerden an die *ARD* adressieren!

Erfahrungen vor Gericht

Die öffentlich-rechtliche TV-Anstalt verfügt im Unterschied zum spotless-Verlag über Anwaltskanzleien, die sich über mehrere Bürohochhausetagen erstrecken sollen, sie hat hinreichend Erfahrungen mit der Firma Grünenthal gesammelt.

In der knapp formulierten Begründung der Auszeichnung für Christian Ruhe wurde der Ablauf des Geschehens um den Aufstieg und Untergang des Medikaments Contergan, vor allem aber seine verheerenden Auswirkungen für Tausende von Menschen, benannt. Leser, die schon ihren 50. Geburtstag gefeiert haben und über ein gutes Erinnerungsvermögen verfügen, dürften keine Mühe haben, sich an die Tragödie zu erinnern, die sich vor mehr als einem halben Jahrhundert zugetrug.

Jünger in Erinnerung sind die Querelen, die 2007 in mehreren Instanzen vor Gerichten verhandelt worden waren, als die *ARD* einen zweiteiligen Fernsehfilm über das Contergan-Desaster aufführen wollte. Die Herstellungskosten sollen sich auf über fünf Millionen Euro beziffert haben, was den Contergan-Hersteller Grünenthal nicht davon abhielt, dessen Ausstrahlung mit den Mitteln des Rechtsstaats zu vereiteln.

Daran wenigstens zu erinnern, scheint vonnöten, weil der Film rund 47 Jahre nach den dramatischen Ereignissen und fast vier Jahrzehnte nach dem Contergan-Prozess entstanden war und demzufolge, könnte man meinen, fast ein Historienfilm und ein Thema für Guido Knopp war.

Im *Spiegel* vom 7. April 2007 hatte Nikolaus von Festenberg über die Auseinandersetzung geschrieben: »Der Umgang der Gegenwart mit der Vergangenheit ist nicht unproblematisch. Besonders in Fernsehfiktionen. Die Movies haben nämlich ihre eigenen Gesetze. [...] Manchmal fühlen sich Betroffene, zu Recht oder Unrecht, verletzt. Dann trifft man sich, wie am vorvergangenen Dienstag, vor dem Richter. Dort in Hamburg tagte der 7. Zivilsenat des Hanseatischen Oberlandesgerichts unter Vorsitz der Richterin Marion Raben. Er beschäftigte sich mit einer einstweiligen Verfügung, die ganz uneinstweilige Folgen haben kann. Es steht einiges auf dem Spiel.

Vordergründig geht es um das Sendeverbot für den *WDR*-Zweiteiler ›Eine einzige Tablette‹, den Film über die Contergan-Katastrophe, den schlimmsten Arzneimittelskandal der Nachkriegszeit (*Spiegel* 47/2006).

[...] Die Unsicherheit im Fall ›Eine einzige Tablette‹ ist groß. Das Oberlandesgericht gab vorvergangenen Dienstag klar zu erkennen, dass es in seinem für den 10. April anberaumten Urteil nicht die gleichen strengen Maßstäbe anzuwenden gedenkt wie die Vorinstanz. Das erste Urteil hatte Aufsehen erregt, denn der Contergan-Film war verboten worden. [...]

Die Berufungsinstanz ist milder gestimmt. [...] Richterin Raben ist zu den Grundsätzen der höheren Instanzen zurückgekehrt. [...] Doch dass dieser Film – wenn auch als unfreiwilliges Gemeinschaftswerk von Kunst und Justiz – über den Sender geht, nützt dem Zuschauer. Allein schon wegen der unbefangenen Darstellung der Anwaltstochter Katrin (Denise Marko), die mit ihrem

Fuß so geschickt ist wie manche mit zwei Händen nicht. Und dieses Mädchen, das nicht wegen Contergan, sondern wegen eines Gendefekts behindert ist, bringt einen zu Herzen gehenden Optimismus in eine Tragödie aus den sechziger Jahren.«

Die *Süddeutsche Zeitung* vom 8. November 2007 hatte den schon erwähnten Christian Ruhe um seine Meinung zum Film gebeten und dem Contergan-Geschädigten dabei auch die Frage gestellt: »In welchen Momenten haben Sie Gänsehaut bekommen?«

Darauf hatte er geantwortet: »Vor allem in den Momenten, in denen das Medikament eingenommen wurde. Die Mütter waren ja völlig arglos.«

»Arglos« ist der wohl treffendste Begriff für die Opfer dieses so verheerende Wirkungen auslösenden Medikaments.

Dass das über Jahrzehnte gehende Duell zwischen dem Medikamentenhersteller und den Geschädigten oft eskalierte, ist begreiflich. Um eine Vorstellung zu vermitteln, wie weit deren Standpunkte auseinanderlagen, seien hier zwei auf jeweils 2.000 Worte gekürzte Publikationen gegenübergestellt. Das lässt zwar Spannung – wenn dieses Wort hier überhaupt als treffend gelten darf – verloren gehen, weil das Geschehen sozusagen vorab geschildert wird, könnte aber helfen, der Antwort auf die Frage näherzukommen, wo das Recht im Rechtsstaat zu finden sein könnte.

Der Pillen-Hersteller

Das Pharma-Unternehmen Grünenthal präsentierte auf ihrer Website unter der Überschrift »Die Tragödie« folgenden Text: »Das Schlafmittel Contergan von Grünenthal verursachte die größte Tragödie der deutschen Pharmageschichte. Ende der 1950er Jahre kamen in der Bundesrepublik Deutschland etwa 5.000 Kinder mit Fehlbildungen zur Welt. Heute leben rund 2.800 Contergan-Betroffene in Deutschland.

Der in Contergan enthaltene Wirkstoff heißt *Thalidomid*. Er wurde 1954 von Grünenthal entwickelt und nach den damals üblichen Standards getestet. Konkrete gesetzliche Vorschriften zum Schutz der Patienten, wie sie heute gelten, gab es zum damaligen Zeitpunkt nicht. Vielmehr galt das Prinzip der Selbstüberwachung.

Ab 1957 war Contergan rezeptfrei auf dem Markt erhältlich. […] (Es) schien besonders gut verträglich zu sein und führte nicht zu Abhängigkeiten. […]

Zu Contergan wurden in den folgenden Jahren zwei verschiedene Nebenwirkungen gemeldet: Zum einen handelte es sich um Nervenreizungen an Händen und Füßen meist älterer Menschen (sogenannte Polyneuritis).

Die ersten Hinweise hierzu erhielt Grünenthal im Oktober 1959. Nach Prüfung und Verifizierung der Nebenwirkung änderte Grünenthal 1961 die Gebrauchsinformation und beantragte im Mai 1961 die Rezeptpflicht für Contergan.

Zum anderen äußerte der Hamburger Kinderarzt Dr. Widukind Lenz am 16. November 1961 seinen Verdacht, dass es einen Zusammenhang zwischen Fehlbildungen bei Ungeborenen und Thalidomid gäbe. Danach äußerte auch der australische Gynäkologe Dr. William G. McBride diesen Verdacht.

Grünenthal reagierte rasch und nahm das Medikament innerhalb von zwölf Tagen vom Markt. Von den Nebenwirkungen der Polyneuritis auf die Fehlbildungen zu schließen war damals nicht möglich. Das bestätigte auch das Landgericht Aachen im späteren Strafverfahren.

Es dauerte noch weitere drei Jahre, ehe Wissenschaftler 1964 die Missbildungen auslösende Wirkung (sogenannte Teratogenität) des Wirkstoffs Thalidomid in Tierversuchen an Neuseeländer Kaninchen nachweisen konnten.

Die Pillen-Opfer

Die »andere Seite«, also die Opfer der Katastrophe, beschrieb die Ereignisse so:

»Grünenthal verkaufte Contergan, ohne es ordnungsgemäß geprüft zu haben, und behauptete, es sei vollkommen ungefährlich, ohne dabei die Einnahme während der Schwangerschaft auszuschließen.

Grünenthal hatte Contergan weiter verkauft, als tausende Meldungen bei ihr eingingen, die über Gesundheitsschäden durch dessen Einnahme berichteten. Sie verkaufte Contergan selbst dann noch weiter, als ihr gleichzeitig von einem deutschen und einem australischen Arzt berichtet wurde, dass Contergan – eingenommen von Frauen in den ersten drei Monaten der Schwangerschaft – schwerste Missbildungen bei ungeborenen Kindern verursachen würde. […]

Einer Beantragung der Rezeptpflicht für Contergan hat sie sich ebenso stets widersetzt wie der von vielen Experten geforderten Rücknahme aus dem Handel.

Stattdessen versuchte sie warnende Ärzte einzuschüchtern oder durch Einflussnahme auf die Redaktionen von wissenschaftlichen Zeitschriften Veröffentlichungen zu verhindern, die über fundierte Ergebnisse von Untersuchungen über die Schädlichkeit des Contergan berichteten.

Hierdurch hat sie Missbildungen bei ca. 7000 Kindern an Armen und Beinen, Augen und Ohren, inneren Organen und Genitalien verursacht, die so schwer waren, dass ca. 4.000 von ihnen ihre Körper- und Gesundheitsschäden nicht überlebten. […] Erst nachdem die Öffentlichkeit durch einen Zeitungsartikel in der *Welt am Sonntag* vom 26. November 1961 unterrichtet wurde, zog Grünenthal Contergan aus dem Handel.

Am 18. Januar 1968 wurde das Hauptverfahren vor der Strafkammer des Landgerichts Aachen gegen die verantwortlichen Leiter und Angestellten Grünenthals eröffnet. […]

Durch ihre teuer bezahlte Lobby nahm Grünenthal Einfluss auf das Strafverfahren. So hatte Grünenthal während des Strafprozesses zugegeben, die Presse manipuliert zu haben, um der Öffentlichkeit die tatsächlichen und für sie vernichtenden Ergebnisse der Beweisaufnahme zu verheimlichen.«

Fazit?

Die beiden Darstellungen genügen, das Drama um dieses Medikament knapp abzuhandeln. Allerdings entsteht dabei der Eindruck, es gehe letztlich nur um ein falsches »Medikament«, um Irrtümer von Wissenschaftlern.

Unausgesprochen bliebe der Hintergrund des Geschehens, das eigentliche Motiv.

Es ging nicht um den Irrtum eines Wissenschaftlers, sondern um Gewinn, den die Firma Grünenthal mit dem Medikament erzielte, und der sie offensichtlich bewog, Gefahr für Leib und Leben von »Konsumenten« zu ignorieren. Profitgier brachte Menschen nicht nur in Gefahr, sondern etliche auch um ihr Leben.

Und um die Erkenntnis: Wer genügend Gewinn macht, um gute Rechtsanwälte engagieren zu können, hat im »Rechtsstaat« die größeren Chancen.

Diese Feststellung ist von enormem Belang in einer Zeit, in der pausenlos behauptet wird, ein »Unrechtsstaat« – nämlich die DDR – habe die Menschenrechte beschnitten und unterdrückt.

Das tragische Beispiel Contergan offenbart, dass Menschenrechte offensichtlich nicht gefragt waren, als dieser Streit um eine Tablette geführt worden war – und zwar in der Bundesrepublik Deutschland.

Das Bild des Gräberfelds

Im bundesdeutschen Strafgesetzbuch lautet der Paragraf 222: »Wer durch Fahrlässigkeit den Tod eines Menschen verursacht, wird mit einer Freiheitsstrafe bis zu fünf Jahren oder mit Geldstrafe verurteilt.«

Der nächstfolgende Paragraf heißt: »Wer eine andere Person körperlich misshandelt oder an der Gesundheit beschädigt, wird mit Freiheitsstrafe bis zu fünf Jahren oder mit Geldstrafe bestraft.«

§ 223a gilt der »Gefährlichen Körperverletzung.

Ist die Körperverletzung [...] mittels einer das Leben gefährdenden Behandlung begangen, so ist die Freiheitsstrafe von drei Monaten bis zu fünf Jahren.«

Zur Erinnerung: In der Grünenthal-Darstellung hieß es, dass »etwa 5.000 Kinder mit Fehlbildungen zur Welt« kamen und »heute rund 2.800 Contergan-Betroffene in Deutschland leben«.

Waren die in diesem Zahlenvergleich Fehlenden geheilt worden?

Nein. Sie waren gestorben! 2.200 Kinder.

Das ist keine verlässliche Zahl. Bei aller Art sonstiger Katastrophen vom Flugzeugabsturz bis zum Tsunami werden die Zahlen der Opfer so exakt wie möglich ermittelt. In diesem Fall schwanken die Ziffern im dreistelligen Bereich.

Zum Beispiel: In der Erklärung der Contergangeschädigten las man, dass »Missbildungen bei ca. 7.000 Kindern an Armen und Beinen, Augen und Ohren, inneren Organen und Genitalien verursacht, die so schwer waren, dass etwa 4.000 von ihnen ihre Körper- und Gesundheitsschäden nicht überlebten«.

Das heißt, dass die Zahl der Todesopfer um die 4.000 betragen haben könnte.

Von Bertolt Brecht stammt der Satz: »Das Kind ist das Teuerste, was die Nation hat«.

Nie widersprach ihm jemand.

Wie hoch die tatsächliche Zahl der durch Contergan ums Leben gekommenen oder verkrüppelten Kinder auch sein mag – sie lässt vor unserem geistigen Auge das Bild eines riesigen Friedhofs erscheinen, dessen Grabsteine weit reichen, und auf dem Eltern in Jahrzehnten Ströme von Tränen vergossen!

Wer gedenkt dieser Opfer?

In Deutschland stehen mehr als 100.000 Kriegerdenkmale, aber lange kam niemand auf den Gedanken, der um des Profits willen gestorbenen Kinder ein Denkmal zu errichten. Weder Bundespräsident Heinrich Lübke (1959-1969) noch die Kanzler Konrad Adenauer (1949-1963) oder Ludwig Erhard (1963-1966) hielten das Ereignis damals für bedeutend genug, um mit einem Mahnmal die Nachwelt daran zu erinnern.

Am 8. Oktober 2009, ein halbes Jahrhundert nachdem die ersten verkrüppelten Kinder geboren worden waren, meldete die Nachrichtenagentur *dpa*: »Die Stadt Stolberg hat dem Denkmal für Conterganopfer nur mit Auflagen zugestimmt. Sie will das Denkmal nur dann zulassen, wenn die Gestaltung mit dem ortsansässigen früheren Contergan-Hersteller Grünenthal und der Conterganstiftung abgestimmt wird. Das erklärte Bürgermeister Ferdi Gatzweiler (SPD). Ein Contergangeschädigter aus Morbach im Hunsrück hatte einen entsprechenden Antrag gestellt. Ein Ausschuss entschied darüber. Der Antragsteller Johannes Igel sagte der *Deutschen Presse-Agentur* (dpa), er werde sich mit Grünenthal nicht an einen Tisch setzen. ›Wir wollen, dass dieser Teil der Geschichte nicht unter den Teppich gekehrt wird‹, sagte Bürgermeister Gatzweiler. Aber alle Beteiligten sollten bei Gestaltung und Text einig werden. In der Stadt könne man sich vorstellen, das Denkmal im Industriemuseum Zinkhütter Hof aufzustellen.

Johannes Igel will mit dem Denkmal vor allem an die Kinder erinnern, die durch Contergan im Mutterleib oder nach der Geburt gestorben sind. Nach seinem Wissen gebe es bisher noch kein Denkmal für die Conterganopfer. 52 Jahre nach der Markteinführung sei es Zeit.

›Mit der Conterganstiftung zu sprechen, habe ich keine Probleme. Aber mit Grünenthal will ich nichts zu tun haben‹, betonte Igel. Er hält das Verhalten des Unternehmens in dem Arzneimittel-Skandal für verwerflich. Wie viele andere Conterganopfer auch, vermisst er eine Entschuldigung der Unternehmerfamilie Wirtz und eine deutlich höhere finanzielle Unterstützung der Opfer als die zuletzt freiwillig gezahlten 50 Millionen Euro.«

Wer wollte dem Mann widersprechen? Eine Entschuldigung wäre mehr als überfällig, das Denkmal auch ohne Einwilligung der Verursacher angemessen, und zwar nicht in einem Museumssaal, sondern an einem Ort, an dem der Rechtsstaat gepriesen wird.

Und wer da ein »Kesseltreiben« herauslesen wollte, sollte daran erinnert werden, wie viel Kummer ein verlorenes Kind über Jahre hinterlässt, und wie viele Eltern sich noch heute ständig mit der Frage konfrontiert sehen, wie sich ihr verkrüppeltes Kind – eines Tages auf sich allein gestellt – wird behaupten können.

Der Auftakt. Wie die Tragödie begann

Die sich aufdrängenden ersten Frage lauten: Wer war wann darauf gekommen, nach einem Mittel wie Contergan zu forschen? Wie kam es dazu, dass es dann einen Erfolg feierte, den der Hersteller hemmungslos als »Siegeszug« bezeichnete? Ein »Siegeszug«, bei dem die katastrophalen Nebenwirkungen über Jahre ignoriert, wenn nicht gar unterschlagen wurden.

Diese Fragen wurden verständlicherweise schon an die hundert Mal aufgeworfen und ebenso oft verbindlich zu beantworten versucht. Dass sich die Antworten extrem unterschieden, ward schon durch die Standpunkte beider Seiten bekundet.

Heikel war allein schon die Frage nach dem Mann, der jenen »Siegeszug« ausgelöst hatte: Dr. Heinrich Mückter. Der Mann stand auf der Liste jener Nazitäter, die die Insassen von Zwangslagern wider alle Menschenrechte und ärztliche Ethik bedenkenlos für medizinische Versuche missbrauchten und damit gegen unzählige weltweit gültige Gesetze verstießen.

Um nicht in den gern erhobenen Verdacht zu geraten, den Fall Contergan auf ein anti-bundesdeutsches politisches Gleis schieben zu wollen, sei das BRD-Medien-Flaggschiff *Der Spiegel* vom 19. November 2007 zitiert, in welchem sich Armin D. Steuer ausgiebig mit dem Thema Mückter befasste: »›Von Ende 1940 bis August 1945 war ich Soldat, zuletzt Stabsarzt und Leiter des Instituts für Fleckfieber- und Virusforschung des Oberkommandos des Heeres in Krakau.‹ Soweit die lakonische Aussage von Dr. Heinrich Mückter im Prozess zum größten Arzneimittelskandal der deutschen Nachkriegsgeschichte. Als medizinischer Direktor des Pharmaherstellers Grünenthal Chemie, der das verhängnisvolle Medikament Contergan auf den Markt gebracht hatte, stand Mückter damals, im Januar 1968, im Rampenlicht.«

Und weiter im *Spiegel*: »Was dieser Dr. Mückter während des Krieges in Krakau genau getan hatte, danach fragte ihn während des Prozesses 1968 niemand. Weder Richter und Nebenklägervertreter noch Staatsanwaltschaft und Journalisten. Schließlich ging es in dem bis dato größten Strafprozess in der bundesdeutschen Geschichte um die Verantwortung für die durch Contergan verursachten Missbildungen an Neugeborenen – und nicht um das ›Dritte Reich‹.

Zwanzig Jahre nach Ende des Krieges ließ man sich gegenseitig in Ruhe mit der braunen Vergangenheit, zu viele hatten Dreck am Stecken. Ein Stillschweige-Kartell dürfte das Nachfragen verhindert haben; es hieß, einer der ermittelnden Staatsanwälte wäre früher selber bei der Waffen-SS gewesen. Auf Seiten der Verteidiger der Angeklagten gab es etliche, die schon im ›Dritten Reich‹ Karriere gemacht hatten.«

Das war wohl deutlich genug. Kein Wort über die polnischen Anklagen gegen Mückter, dafür aber der Hinweis, dass man in dem Ende der 60er Jahre geführten Prozess die »braune Vergangenheit« nicht »aufzuarbeiten« gedachte, dieweil der Prozess in einem »Rechtsstaat« stattfand.

Mit Zweifeln an der Rolle Mückters beschäftigte sich niemand, Zweifel, die dank der vielen heute geöffneten

Archive inzwischen nachgewiesen hätten werden können.

Man schrieb das Jahr 2007, und wer nach »Unrecht« forschte, fand es in der DDR-Geschichte, die ständig durch zweifelhafte Dokumente aus unkontrollierbaren Archiven bereichert wird.

Wer sich für Mückters Vergangenheit interessierte, hätte nur einen Blick in das Standardwerk Eugen Kogons »Der SS-Staat«, das ein halbes Hundert Auflagen erlebte, zu werfen brauchen und dort erfahren: »Im Spätherbst wurde vom Hygenie-Institut der Waffen-SS in Berlin eine Klinische Station der ›Abteilung Fleckfieber- und Virusforschung‹ eröffnet. Sie kam 1942 in den mit doppeltem Stacheldraht umgebenen Isolierblock 46. […] Bis Ausgang des Jahres 1944 fanden 24 Versuchsreihen mit einer wechselnden Personenzahl zwischen vier und meist aus 40 bis 60 – einmal 145 in einer Gruppe – statt. Sie betrafen die Wertung von Fleckfieberimpfstoffen verschiedener Herkunft: […] des Weigl-Impfstoffes, hergestellt vom Institut für Fleckfieber- und Virusforschung des Oberkammandos des Heeres in Krakau aus Läusedärmen.«

Der *Spiegel*-Autor verschwieg das nicht, begnügte sich aber mit der Erwähnung der Fakten: »Was Mückter zwischen 1940 und 1945 getan hatte – es wäre ein Leichtes gewesen, dies zu ermitteln. Die Bekämpfung des gefährlichen Fleckfiebers hatte während des Zweiten Weltkrieges oberste Priorität. Zu diesem Zweck wurden infizierte Läuse gezüchtet und anschließend gemolken. Aus der gewonnenen Substanz ließ sich Impfstoff erzeugen. Zum Züchten der Läuse brauchte es zahlreiche

Menschen, die bereit waren, die Läuse an ihren Beinen zu tragen und sie mit dem eigenen Blut zu ernähren – Infektionsgefahr nicht ausgeschlossen.«

»Da es keine Freiwilligen gab, behalf sich Mückter, stellvertretender Direktor des Instituts für Fleckfieber und Virusforschung in Krakau, mit zwangsrekrutierten Polen; vermutlich auch mit Juden aus dem Ghetto.

Um die Wirksamkeit der gewonnenen Impfstoffe zu erproben, wurden KZ-Insassen in Buchenwald, eventuell auch in Auschwitz, zunächst mit dem neu entwickelten Stoff geimpft und nach zwei oder drei Wochen absichtlich mit dem Fleckfiebervirus infiziert. Die Zahl der sterbenden Häftlinge gaben Mückter und seinem Spiritus Rector, Professor Hermann Eyer, einen Anhaltspunkt für die Wirksamkeit des neuen Impfstoffes. [...] Doch keiner wollte die Grausamkeiten wahrhaben. 1968 nicht, und auch nach Kriegsende nicht. Zwar verhörten die Amerikaner Mückter [...]. Doch das inzwischen in Polen gegen Mückter eröffnete Strafverfahren wegen ›Diebstahl des Institutsmaterials und fortgesetzter Misshandlung der polnischen Angestellten‹ sowie den gegen ihn erlassenen Haftbefehl ignorierten sie. Die Lektüre der Verhörprotokolle von Mückter und Eyer legt nahe, dass möglichen Straftaten der beiden Wissenschaftler keine große Rolle spielten. Mückter blieb unbehelligt – und begann eine steile Nachkriegskarriere.

Im August 1945 ging er nach Bonn, um an der dortigen Universität sein Diplom als Chemiker zu machen. Ein knappes Jahr später, im Sommer 1946, stieg Mückter in die neu gegründete Chemie Grünenthal, kurz CG, ein. Innerhalb von drei Jahren verschaffte er der Firma ein blühendes Geschäft: Als erstes deutsches Unternehmen brachte CG Penicillin-Präparate auf den Markt. Der Frage, wie Mückter damals in den Besitz von Penicillin-Stämmen gekommen war, verweigert sich die Firma bis heute.

In einer späteren Festschrift hieß es über ihren Medizinischen Direktor: ›Sein Weg führte von den Feld-, Wald- und Wiesenpräparaten konsequent zu den Antibiotika. Die während seiner ärztlichen Tätigkeit am Fleckfieberinstitut in Krakau gewonnenen Erfahrungen und Einsichten führten an seinem neuen Arbeitsplatz in Stolberg konsequent zu Versuchen mit Schimmelpilzkulturen.‹«

Diese Auskunft ist in mehrfacher Hinsicht aufschlussreich: Grünenthal kannte die Vergangenheit Mückters an jenem unseligen Fleckfieberinstitut und wird demzufolge auch im Bilde gewesen sein, dass er in Polen als Kriegsverbrecher gesucht worden war.

Mit diesem Thema immer mal wieder konfrontiert, verwies Grünenthal auf die *Aachener Zeitung* vom 15. Oktober 2007, in der der Firmenchef mitgeteilt hatte: »Wichtig ist: Die Contergan-Tragödie steht nicht mit der NS-Vergangenheit von Dr. Mückter in Verbindung. Tatsache ist, dass Dr. Mückter als Stabsarzt am Institut für Fleckfieber- und Virusforschung des Oberkommandos des Heeres (OKH) in Krakau tätig war.

Nach gegenwärtigem Stand der Forschung besteht allerdings weiterer Klärungsbedarf, ob und wenn ja welches konkrete Fehlverhalten er bei seiner Arbeit am Institut in Krakau zeigte, was ihm genau von der polnischen Justiz zur Last gelegt wurde und ob der von ihm entwickelte Impfstoff im KZ Buchenwald tatsächlich an Menschen eingesetzt wurde.

Bis heute hat es dazu unserem Wissen nach nie einen Prozess oder gar ein Urteil gegeben. Daraus folgt, dass er zumindest in juristischer Hinsicht unvoreingenommen behandelt werden muss und bis zum Beweis des Gegenteils als unschuldig gilt.

Da auch die wissenschaftlich gesicherten Fakten fehlen, ist für uns eine abschließende Bewertung der Vergangenheit von Dr. Mückter nicht möglich.«

Als diese Erklärung verbreitet wurde, um einmal mehr die »Unschuld« an einer Mitschuld Grünenthals nachzuweisen, war Dr. Heinrich Mückter, der 1933 der SA und 1937 der NSDAP beitrat, schon 20 Jahre tot. Er war 1987 verstorben …

Widerspruch aus London

Am 16. Februar 2009 überraschte der *Spiegel* seine Leser mit einer Nachricht, die die bislang nie geäußerte Vermutung aufkommen ließ, Mückter könnte Contergan bereits aus den KZ-Labors mitgebracht haben. »Der Arzneihersteller Grünenthal widerspricht dem Verdacht, dass das 1957 auf den Markt gebrachte Schlafmittel Contergan in einem Nazi-Konzentrationslager entwickelt wurde. Der Sprecher der rund 450 britischen Contergan-Opfer behauptet, dass KZ-Ärzte den fatalen Wirkstoff Thalidomid bereits während des Krieges in Auschwitz-Monowitz als Gegenmittel zum Nervengas Sarin entwickelt hätten. Das gehe aus einem neu entdeckten Dokument hervor. Die Meldung sorgte vorige Woche für große Aufregung bei den weltweit über 6.000 Contergan-Geschädigten. Doch Prüfungen ergaben, dass das Schriftstück kaum Beweiskraft hat. ›Thalidomid wurde 1954 von drei Grünenthal-Mitarbeitern entdeckt‹, heißt es nun in einer Stellungnahme der Pharmafirma. ›Wir sind der alleinige Inhaber des Patents (18. Mai 1954, Nr. 1074584).‹ Auch der – allerdings umstrittene – argentinische Historiker Carlos De Napoli stellt in einem neuen Buch die Behauptung auf, dass die IG Farben bereits 1944 die chemische Formel für Thalidomid gekannt und unter der Bezeichnung ›4589‹ an KZ-Häftlingen erprobt habe. Die deutsche Contergan-Stiftung will dem Verdacht jetzt nachgehen.«

Wie umstritten ein argentinischer Historiker und wie verläßlich die Mitteilung aus Großbritannien auch sein mag, die Mitteilung muss alarmieren, denn der Hinweis Grünenthals auf die Nummer des Patents entkräftet die Behauptung, Contergan sei bereits in KZ »erprobt« worden, in keiner Weise. Erwiesen ist: In den Mörder-Labors hielt man sich nicht an Patennummern!

Es gab noch manch andere Quelle, die sich mit der Vergangenheit Mückters befasste.

So schrieb der *Buko-Pharma-Brief* – BUKO ist die Bundeskoordination Internationalismus, ein Zusammenschluss von über 200 Dritte Welt Aktions- und Solidaritätsgruppen sowie Einzelpersonen in der BRD; sie ist eine der wenigen Organisationen, die sich kritisch mit dem Arzneimittelmarkt in Nord und Süd auseinandersetzt – in seiner Ausgabe 2/3 1999: »Dr. Heinrich Mückter wäre fast als geehrter Wissenschaftler in die Geschichte der deutschen Pharma-Industrie eingegangen. Er war verantwortlicher Forschungsleiter von Grünenthal bei der Entwicklung des angeblich harmlosen Schlafmittels Thalidomid (Contergan®), das für 12.000 Kinder zum Alptraum und zum größten Pharma-Skandal weltweit wurde. 1968 wurde ihm der Prozess wegen fahrlässiger und teils vorsätzlicher Körperverletzung und Tötung gemacht.

Damit nicht genug. Während des Zweiten Weltkriegs war er Stabsarzt und stellvertretender Direktor des Instituts für Fleckfieber und Virusforschung des Oberkommandos des Heeres in Krakau. Der dort hergestellte Weigl-Impfstoff gegen Fleckfieber wurde im KZ Buchenwald an Häftlingen auf seine Wirksamkeit ›getestet‹, die meisten starben an diesem Versuch. Vorher hatte Mückter die Erregerläuse zwecks Fütterung auf polnische Zwangsarbeiter gesetzt, was für diese manchmal tödlich endete. Gegen Heinrich Mückter wurde deshalb 1946 von der Krakauer Staatsanwaltschaft Haftbefehl erlassen. Doch dieser hatte sich bereits in die westlichen Besatzungszonen abgesetzt und war in die Dienste der Firma Grünenthal eingetreten.

Wir baten Grünenthal um eine Stellungnahme und bekamen folgende Antwort: ›Wir haben keine Erkenntnisse über Umstände und Indizien, die bei seiner Einstellung durch die Chemie Grünenthal im Jahr 1946 Zweifel an seiner persönlichen Integrität hätten wecken können. […]. Von einem angeblichen Haftbefehl polnischer Stellen aus dem Jahr 1946, der sich auf ein angebliches Fehlverhalten Dr. Mückters gegenüber Mitarbeitern und auf einen Abtransport der Institutsausrüstung stützen soll, haben wir erst durch eine Sendung im *WDR* im Februar 1999 erfahren.‹

Grünenthal empfindet die Enthüllung als Störfall – weiter nichts. Weder Bedauern noch ein Eingeständnis von Schuld sind erkennbar. Dass sich eine Firma offensichtlich nicht um die menschenverachtende Vergangenheit ihres Forschungsleiters gekümmert hat oder kümmern wollte, wirft ein deutliches Licht auf die ethischen Maßstäbe ihrer Forschung. Thalidomid war kein Zufall! (CF)«

Um allen Fehldeutungen aus dem Weg gehen: Von Belang ist bei der Bewertung des Contergans nicht die Vergangenheit des Erfinders, aber aufschlussreich seine Reaktionen nach den ersten warnenden Reklamationen. Um es noch deutlicher zu formulieren: Es fällt nicht schwer sich vorzustellen, wie ein in einem KZ-Labor groß gewordener Mediziner auf menschliches Leben tangierende Beschwerden reagiert haben könnte.

Wie Mückter zu Grünenthal gelangte, wurde schon erwähnt, wobei keineswegs ignoriert werden soll, dass die Quellen nicht über die Maßen verlässlich sind. Die Frage zum Beispiel, *wie* Mückter in den Besitz von Penicillin-Stämmen – seinem »Startkapital« – gelangt ist, konnte nie verbürgt beantwortet werden. Für den Contergan-Sachverhalt war sie aber auch ohne Belang.

Der *Spiegel* hielt sich in dieser Frage nicht zurück: »Die Vermarktung der Penicillin-Präparate rettete die Firma vor dem fast sicheren Konkurs, und auch Mückter selbst hatte etwas davon: Er erhielt eine Umsatzbeteiligung für die unter seiner Leitung entwickelten Medikamente.«

Das Magazin schrieb weiter:

»Neun Jahre später bescherte Mückter seinen Arbeitgebern den nächsten großen Umsatz: Contergan.

Mitarbeiter in seinem Labor hatten eher zufällig den Wirkstoff Thalidomid entdeckt. Bei Tierversuchen stellte sich die einschläfernde Wirkung heraus. Mückter veranlasste die Entwicklung eines Schlafmittels, das den Namen Contergan erhielt. Es wurde rezeptfrei verkauft und entwickelte sich schnell zum Renner. In seinen besten Zeiten bescherte Contergan der CG knapp die Hälfte des Umsatzes. In Zeitungen schaltete die Firma Anzeigen mit der Partitur von Mozarts ›Kleiner Nachtmusik‹ – Contergan sei so harmlos wie Zucker.

Derweil bemühte sich der Pharmaproduzent um Zulassung seines Präparates in den USA. Aber die Arzneimittelinspektorin der zuständigen US-Behörde FDA,

Francis Kelsey, stellte sich quer. Sie verlangte von Chemie Grünenthal den Nachweis, dass Thalidomid sich nicht auf ›die Organbildung in den ersten Wochen der Schwangerschaft‹ auswirkte. Dies hätte mit einer Versuchsreihe an trächtigen Tieren überprüft werden können – Dr. Mückter hielt dies für überflüssig.«

Woher der *Spiegel* das wusste, wurde nicht mitgeteilt. Aber selbst wenn nur Symptome von Beweisen für diese Entscheidung Mückters vorlägen, wäre er einer der Hauptschuldigen für die Katastrophe gewesen.

Der *Spiegel* fuhr fort, Mückters Contergan-Weg zu verfolgen: »Schon bald nach der Markteinführung von Contergan häuften sich die ersten Meldungen über Nervenschäden – Mückter maß dem keine Bedeutung bei. Selbst als Indizien auf Missbildungen auftauchten, spielte er noch auf Zeit. Weitere Opfer nahm er damit billigend in Kauf – ein Verhalten, dass er 15 Jahren zuvor schon bei den KZ-Häftlingen von Buchenwald an den Tag gelegt hatte.«

Ehe solche Vorwürfe gedruckt wurden, dürfte der *Spiegel* seine Hausjuristen konsultiert haben. Und vermerkt werden muss auch: Niemand fand je eine Gegendarstellung!

Das Hamburger Nachrichtenmagazin hatte auch keine Hemmungen, eine weitere Frage zu verbreiten: »Oder verstellte ihm die Umsatzbeteiligung den Blick für das wissenschaftlich Offensichtliche und das moralisch Gebotene?«

»Mückter verließ das Gericht als freier Mann, ging unbehindert seiner Arbeit nach, besuchte als gläubiger Katholik regelmäßig die Gottesdienste – und verstarb vor 20 Jahren, ohne noch einmal zur Rechenschaft gezogen worden zu sein. Weder für seine Tätigkeit in Krakau noch für sein Wirken bei Chemie Grünenthal.«

Soweit der *Spiegel* im Februar 2009.

Nachforschungen. Beate Kirks Ermittlungen

Das Thema »Contergan« lässt sich heute nicht behandeln, ohne der imponierenden Dissertationsschrift und dem daraus entstandenen Buch von Beate Kirk die gebührende Aufmerksamkeit zu schenken. Es erschien erstmals 1998 in der Reihe der »Greifswalder Schriften zur Geschichte der Pharmazie und Sozialpharmazie« als Band 1 und war von Prof. Dr. Christoph Friedrich eingeleitet worden. Der schrieb dort: »Der Contergan-Fall gehört zu den bekanntesten und aufgrund der publizierten Bilder von Contergangeschädigten Kindern erschütterndsten Arzneimittelzwischenfällen. Daraus resultiert eine umfangreiche Sekundärliteratur, die von Zeitschriftenartikeln über populärwissenschaftliche Bücher bis zu Fernsehberichten reicht. In diesen Darstellungen wird das Thema indes verständlicherweise meist recht emotional und polemisch behandelt. […]

Die vorliegende Arbeit greift […] eine interessante und für die Pharmaziegeschichte wichtige und gleichsam aktuelle Thematik auf. Die Arbeit besitzt aber auch insofern besondere Relevanz, als für diese Studie erstmals Aktenbestände aus dem Bundesarchiv Koblenz und dem Nordrhein-Westfälischen Hauptstaatsarchiv (Zweigarchiv Schloss Kalkum) ausgewertet werden konnten, deren dreißigjährige Sperrfristen nunmehr abgelaufen waren. Anhand von Quellen aus dem Bundesministerium für Gesundheit, aber auch weiterer Ministerien, sowie dem Nachlass der Ministerin Elisabeth Schwarzhaupt (1901-1986), der Verfahrensakten des Contergan-Strafprozesses, die auch beschlagnahmtes Beweismaterial enthalten, und der fast 1.000 Seiten umfassenden Anklageschrift aus dem Privatarchiv des Staatsanwaltes konnten die Vorgänge minutiös rekonstruiert werden. Zudem erlaubte der größere zeitliche Abstand eine emotionsfreiere Bewertung der Ereignisse. […]

Insgesamt stellt das Buch einen interessanten Beitrag zur Arzneimittelgeschichte dar, der gerade, weil es sich nicht um eine ›Erfolgsstory‹ handelt, sondern um einen an Versäumnissen reichen Arzneimittelzwischenfall, Anregungen und Ansätze zum Nachdenken, aber auch für eine noch zu schaffende pharmazeutische Ethik bietet.«

Das Stichwort »pharmazeutische Ethik« ist von einigem Belang, weil derlei Ethik nicht so sehr von den Pharmazeuten gefordert wird, sondern vor allem von der Pharmaindustrie, und die ließ oft kaum Ethik erkennen – wofür der Fall Contergan ein ebenso klassischer wie tragischer Beweis ist.

Dass Beate Kirk die Fakten so akribisch zusammentrug, trug ihr viel Achtung ein.

Der *WDR* interviewte die Pharmazeutin am 27. November 2006, und einige der Fragen und ihre Antworten sollen hier zitiert werden, um ihre Haltung deutlich werden zu lassen.

»*WDR*: Wie beurteilen sie die Reaktion auf die Nervenschäden?

Kirk: Man hätte damals meines Erachtens schon erkennen können und müssen, dass solche Nervenschäden als Nebenwirkungen bei einem Schlafmittel nicht akzeptabel sind. Sie. waren ja unheilbar. Und für Schlaf-, Beruhigungs- und Schmerzmittel gab es genügend Alternativ-Präparate. Der Schaden stand in keinem vertretbaren Verhältnis zum Nutzen.

WDR: Grünenthal nennt den Fall Contergan auf der Firmen-Homepage ›eine nicht absehbare Tragödie‹. Sehen Sie das anders?

Kirk: Von einer Tragödie kann man nur sprechen, wenn niemand schuld ist, wenn niemand etwas machen konnte. Aber wenn die Firma Grünenthal Contergan schon Anfang 1960 vom Markt genommen hätte, in angemessener Reaktion auf die Nervenschäden, dann hätte es auch wesentlich weniger missgebildete Kinder gegeben. Man hätte also einiges verhindern können.

WDR: Entsprachen die Tests, die mit Contergan gemacht wurden, dem damaligen Standard?

Kirk: Nur insofern, dass es keinen Standard gab. Es wurden schon die Tests gemacht, die auch in anderen Firmen üblich waren. Dabei wurde das Mittel auch recht schnell an Firmenangehörigen getestet. Es gab damals aber keinerlei Richtlinien zur Arzneimittelsicherheit. Deutschland war in dieser Frage europäisches Schlusslicht.«

Diese Feststellung wiegt schwer und gerät vor allem in die Wahrheitsgrenzzone. Denn: Wer war damals »Deutschland«?

Der in Bonn erfundene Alleinvertretungsanspruch änderte nichts an der Tatsache, dass seit dem 7. Oktober 1949 die DDR existierte und damit ein zweiter deutscher Staat.

Fortan gab es – wo immer der politische Standpunkt des Betrachters auch liegen mochte – zwei »Deutschlands«, was nicht nur von der Sowjetunion durch die diplomatische Anerkennung der DDR staatsrechtlich dokumentiert worden war. Jenes Deutschland, das Beate Kirk meinte, war die Bundesrepublik Deutschland und die war – wie der Fall Contergan beweist – europäisches Schlusslicht.

Dass das andere Deutschland, nämlich die Deutsche Demokratische Republik, in dieser Hinsicht in der europäischen Spitzengruppe zu finden war, wird noch überzeugend bewiesen und soll hier lediglich erwähnt werden, um dem Irrtum zu begegnen, damals gab es – auch im Hinblick auf Contergan – nur ein »Deutschland«.

Die sich so gern der Werte ihrer »sozialen Marktwirtschaft« rühmende BRD jedenfalls hatte offensichtlich versäumt, die Gesundheit ihrer Bürger durch gebührende Gesetze zu sichern.

Der Contergan-Siegeszug

Beate Kirks Buch ist auch eine solide Chronik jener Katastrophe, die 1954 begonnen hatte, als man in den Grünenthal-Labors das Mittel K17 »entdeckte«. Der »Schlüsselname« ist schnell erklärt: Es war die 17. Verbindung, die ein Dr. Kunz präsentiert hatte. Dabei handelte es sich um N-Phthalylglutaminsäureimid, dem man den Namen Thalidomid gab.

Wir folgen hier den Ermittlungen Beate Kirks.

Eine Versuchsserie an Tieren wurde gestartet, um die Tauglichkeit als Beruhigungsmittel zu testen. Dabei stieß man auf eine eine geringe Toxizität (der Begriff kommt aus dem Griechischen und bedeutet soviel wie Giftigkeit). Die Experimente wurden an Ratten und Mäusen fortgesetzt. Bei den Nagetieren erwies sich der Wirkstoff als höchst wirksames Beruhigungsmittel. Die gute Verträglichkeit bei Menschen wurde durch eine klinische Studie an dreihundert Patienten der Universitätsklinik Köln nachgewiesen.

Daraufhin beantragte die Firma Grünenthal beim nordrhein-westfälischen Innenministerium am 11. Juni 1956 die damals für die Zulassung eines Medikaments erforderliche Genehmigung. Wie schon von Beate Kirk erwähnt, kannte die Gesetzgebung der BRD zu jener Zeit noch kein öffentlich-rechtliches Zulassungsverfahren und demzufolge wurde schon vier Wochen später die rezeptfreie Abgabe zugelassen.

Die Produktion begann in großem Stil. Unter den Handelsnamen Contergan (25 mg) und Contergan forte

(100 mg) war das Mittel ab 1. Oktober 1957 als Schlaf- und Beruhigungsmittel in allen Apotheken frei erhältlich.

Es wurde ein Geschäft daraus, das von mancher Seite als »Contergan-Siegeszug« deklariert wurde. Das war leicht zu belegen: Grünenthal erreichte in drei Jahren in der BRD einen Marktanteil bei den Schlafmitteln von fast 50 Prozent. Von Oktober 1957 bis November 1961 nahmen fünf Millionen Verbraucher 300 Millionen Tagesdosen ein.

Das hing auch mit der quantitativ und qualitativ beispiellosen Werbekampagne zusammen. So wurde auf einer von einem stimmungsvollen Sonnenuntergangsbild dominierten Anzeige versichert: »Ein Augenblick voll natürlicher Harmonie lässt uns wünschen, dass die Sekunde sich dehne. Doch zumeist bleibt es Augen-Blick und flüchtiger Wunsch, denn die Unruhe, dem Geist einst dienstbar, beherrscht uns und treibt uns umher. Ruhe und Schlaf zu fördern, vermag Contergan.

Dieses gefahrlose Medikament belastet den Leberstoffwechsel nicht, beeinflusst weder den Blutdruck noch den Kreislauf und wird auch von empfindlichen Patienten gut vertragen. Schlaf und Ruhe – Contergan, Contergan forte.«

Beate Kirk hat in ihrem Buch der Werbung einen ganzen Abschnitt gewidmet und macht dort auf den Umstand aufmerksam: »Die Werbung für Contergan und Contergan forte richtete sich ausschließlich an Ärzte und Apotheker, eine Werbung bei Laien fand nicht statt. Dies ist darauf zurückzuführen, dass während der Vertriebsphase von Thalidomidpräparaten die aus dem Jahre 1941 stammende Polizeiverordnung über die Werbung auf dem Gebiete des Heilwesens nach wie vor Gültigkeit besaß, die die Werbung für Schlafmittel und Schlafmittel enthaltene Zubereitungen auf Fachkreise beschränkte. In Werbeschreiben an Ärzte und Apotheker stellte die Fa. Grünenthal die niedrige akute Toxizität des Wirkstoffes in den Vordergrund und attestierte den Präparaten Contergan und Contergan die Begriffe ›Gefahrlosigkeit‹, ›völlige Ungiftigkeit‹, ›absolut unschädlich‹.

Die Stolberger Werbeabteilung begann außerdem 1959, Thalidomid für die Geriatrie und die Kinderheilkunde zu empfehlen.

So hieß es in Werbeschreiben ›an alle Apotheker‹ vom 19. März 1959: ›Die Substanz N-Phthalylglutaminsäureimid ist so ungiftig, dass sie selbst Säuglingen und Kleinkindern bedenkenlos verabreicht werden kann.‹

Im Frühjahr 1959 war in einem Rundschreiben an die Ärzteschaft zu lesen: ›Auch bei Überdosierung und langdauernder Medikation wird die Wirksamkeit des Mittels nicht durch unerwünschte Nebenwirkungen beeinträchtigt.‹

In der Bundesrepublik Deutschland empfahl man die Anwendung von Thalidomid ganz allgemein auch für das Gebiet der Gynäkologie, ohne die Schwangerschaft auszuklammern.

Über die Anwendung von Thalidomid während der Schwangerschaft lagen keine Erkenntnisse vor.

Die wissenschaftliche Abteilung der Fa. Grünenthal versandte am 1. August 1958 Schreiben an 40.245 niedergelassene Ärzte, in denen folgende Aussagen zur Anwendung von Thalidomid speziell bei Frauen gemacht wurden: ›In der Schwangerschaft und Stillzeit ist der weibliche Organismus besonderen Belastungen ausgesetzt. Schlaflosigkeit, innere Unruhe und Abgespanntsein sind immer wiederkehrende Klagen. Die Verordnung eines Sedativums und Hypnoticums, das weder Mutter noch Kind schädigt, ist daher oft erforderlich. Blasiu hat auf einer gynäkologischen Abteilung und in der geburtshilflichen Praxis einer Vielzahl von Patienten Contergan und Contergan-forte verabreicht.‹«

Zu erwähnen wäre noch, dass alle von Beate Kirk verwendeten Zitate durch präzise Quellenangaben belegt sind. In diesem Fall handelt es sich zum Beispiel um Text aus den im nordrhein-westfälischen Hauptstaatsarchiv katalogisierten Hauptakten des »Contergan-Strafverfahrens«.

Beate Kirk weiter: »Der allgemein gehaltene Text erweckt beim Leser den Eindruck, dass die Verabreichung von Thalidomid während der Schwangerschaft unbedenklich wäre, obwohl dieser Lebensabschnitt nicht explizit aufgeführt wurde. Der im Werbeschreiben erwähnte Gynäkologe Augustin Blasiu gab später an, Thalidomid nicht an schwangere Frauen verabreicht zu haben; erst im Jahre 1964 erhielt er Kenntnis davon, dass Grünenthal seine Publikation (*Blasiu, Augustin; Erfahrungen mit Contergan in der Frauenheilkunde, in Medizinische Klinik 53/1958, S. 800*) in der oben dargestellten Weise zu Werbezwecken verwendet hatte.‹«

Damit wäre auch belegt, dass sich Grünenthal bei der Werbung zuweilen unwahrer Behauptungen bediente.

Dieser Trend wurde durch den Umstand begünstigt,

dass Contergan tatsächlich ein »Wundermittel« zu sein schien. Im Gegensatz zu den damals üblichen Barbituraten zeigte Thalidomid keine akute Toxizität, und auch der Blutdruck sank bei Einnahme nicht. So ist es zu erklären, dass Contergan und andere thalidomidhaltige Präparate von Ärzten und Apothekern mit voller Überzeugung auch für Kinder und Schwangere empfohlen wurden.

Nach zwei Jahren war Contergan in der BRD endgültig der Marktführer unter den Beruhigungsmitteln.

Als weiteres Werbargument wurde die Behauptung ins Feld geführt, dass Contergan »suizid-sicher« sei. Es wurde allen Ernstes kolportiert, dass ein Selbstmordversuch mit 144 Contergan-Tabletten gescheitert sei.

Hier wäre der Hinweis einzufügen, dass die expandierende soziale Marktwirtschaft – »Schonbegriff« für Kapitalismus – im täglichen Arbeitsbetrieb zunehmend Druck auf die »Arbeitnehmer« ausübte. Wer nach »oben« wollte, musste immer mehr Hemmungen ablegen und sich deshalb auch um Medikamente bemühen, die ihn vor schlaflosen Nächten bewahrte und tagsüber jeder Situation gewachsen erscheinen ließ. Überall wurden Höchstleistungen gefordert, und die wachsende Zahl der Arbeitslosen sorgte für nötige »Reserve« auf dem Arbeitsmarkt. So eröffnete sich den Pharmaherstellern ein neues Marktsegment, und der bis dahin nur im Sport bekannte Begriff »Doping« wurde auch an Werkbänken und Schreibtischen aktuell.

Dabei kam Contergan zugute, dass in der vornehmlich an Ärzte und Apotheker gerichteten Werbung immer wieder die unübertroffene Verträglichkeit hervorgehoben wurde, bis hin zu Sprüchen wie »Contergan ist so ungiftig, dass es selbst Säuglingen und Kleinkindern verabreicht werden kann«. Derlei Parolen führten dazu, dass Ärzte nicht zauderten, Contergan auch Schwangeren zu empfehlen, um ihre morgendlichen Übelkeit zu linden.

Zudem wurde das Medikament auch in beträchtlichem Ausmaß exportiert. Belegt ist, dass es in etwa elf europäische, in sieben afrikanische, siebzehn asiatische und elf amerikanische Staaten geliefert wurde.

Während es in der Bundesrepublik Deutschland rezeptfrei verkauft wurde, forderte man hingegen in Argentinien, Belgien, Burma, Cypern, El Salvador, Finnland, Griechenland, Haiti, Irland, Malaya, Malta, Niederlande, Österreich, Portugal, Schweiz, Sudan und Thailand ärztliche Verschreibungen.

Außerdem wurde die Lizenzproduktion in zahlreichen Ländern gestattet.

Kirk vermerkt: Contergan »machte im Dezember 1960 fast die Hälfte des gesamten Inlandsumsatzes der Fa. Grünenthal aus, so dass der Vertriebsleiter feststellte: ›Kolossalen Auftrieb erhielt unser Geschäft und damit auch der gesamte Außendienst durch die sprunghafte Umsatzentwicklung von Contergan. […] Alle anderen Schlafmittel sind sehr weit überflügelt. […] Neben diesem Mammut-Präparat nehmen sich die anderen Erzeugnisse zunächst sehr klein aus.‹«

Weit überzeugender als solche Erfolgsmeldungen waren die Umsatzzahlen, die Beate Kirk den Prozessakten entnahm, sodass sie als hinreichend verlässlich gelten können.

Im Januar 1958 lag der Umsatz bei 2.500 DM, im Januar 1960 bereits bei 529.700 DM, was eine Steigerung um über 21.000 Prozent darstellte! Und es ging weiter.

Nebenwirkungen wurden schon sehr bald offenbar. Wieder Kirk: »Am 3. Oktober 1959 fragte der Düsseldorfer Neurologe Ralf Voss (geb. 1911) bei der Fa. Grünenthal an, ob bereits Fälle von Nervenschädigungen mit Thalidomideinnahme in Zusammenhang gebracht worden wären; bei einem seiner Patienten habe er nämlich derartige Schäden festgestellt.«

Es erwies sich, dass bei Grünenthal zu diesem Zeitpunkt bereits ähnliche »Reklamationen« eingegangen waren, die aber nie zu gravierenden Entscheidungen führten.

Der allgemein als erste Beschwerde geltende Brief, nämlich der von Voss, trug das Datum vom 3. Oktober 1959, war also zwei Jahre und zwei Tage nach dem ersten Verkaufstag eingegangen. Zu jenem Zeitpunkt lagen die Nettoverkaufserlöse von Contergan nach den später vor Gericht verwendeten Unterlagen bei 284.400 DM. Dass jene Patienten-Klage beim Hersteller keinen Alarm auslöste bewies auch die Dezember-Nettoverkaufssumme. Sie lag bei 390.400 DM und damit 137 Prozent über dem Oktoberwert.

Nichts sprach dafür, dass Grünenthal den Klagen durch neue Testreihen nachzugehen gedachte!

Im November 1959 wandte sich der Arzt aus Düsseldorf erneut an Grünenthal in Stolberg und teilte mit, dass mittlerweile drei seiner Patienten an einer Nervenschädigung litten, weshalb er seine Beobachtungen nunmehr in allen Einzelheiten zu notieren gedenke.

Bei einer Weiterbildungsveranstaltung vom 30. April bis 1. Mai 1960 in Düsseldorf trug Voss dem Plenum die

Ergebnisse seiner Untersuchungen vor.

Inzwischen hatten immer mehr Ärzte und Apotheker für Thalidomidpräparate zumindest eine Rezeptpflicht gefordert.

Beate Kirk stellte fest, dass Grünenthal wegen möglicher Umsatzeinbußen Schritte eingeleitet hatte, mit der die Rezeptpflicht unterlaufen werden sollte.

Was daraufhin geschah, muss den Laien schockieren. Als erstes – so ergaben Beate Kirks Untersuchungen – wurde eine »vorsichtige Fühlungnahme mit den Gesundheitsbehörden« ins Auge gefasst. Im Rahmen dieser Bemühungen tat sich – so Kirk weiter – folgendes:

»Im März und April 1960 besuchte der Leiter der handelspolitischen Abteilung Günther Nowel (geb. 1920) die Gesundheitsbehörde im nordrhein-westfälischen Innenministerium.«

Die Firmenvertretungen in den verschiedenen Bundesländern erhielten den Auftrag, alles zu tun, um die Verschreibungsfreiheit der Thalidomidpräparate zu sichern. Beate Kirk fand ein Schreiben folgenden Inhalts: »Unseren Zuhörern gegenüber müssen wir immer wieder die nicht vorhandene Toxizität vor Augen führen. [...] Vor allen Dingen in der freien Praxis müssen wir uns klar darüber sein, dass ein so rasches Anwachsen des Umsatzes bei einem Schlafmittel zu Bedenken bei Ärzten und Apothekern führen kann.

Nicht alle aus diesen Abnehmerkreisen können ihre ethische Einstellung in ›marktwirtschaftlichen Grenzen‹ halten. Es wird sicher verantwortungsbewusste Ärzte geben, die angesichts einer solchen Entwicklung doch von einer Sucht sprechen. [...] Im übrigen empfiehlt es sich, bei solchen Gesprächen doch die Frage der Wirtschaftlichkeit mit ins Gespräch zu ziehen, wobei man dem Arzt doch klarmachen kann, daß ein so harmloses Schlafmittel rezeptfrei mit Rücksicht darauf bleiben sollte als seine Verschreibung seinen Regelbetrag (gegenüber den Krankenkassen) belastete, [...]

In ähnlicher Form wird man wohl auch dem Einwand der Apothekerschaft begegnen können, wobei man sicher durchblicken lassen kann, dass der Verbrauch solcher Mittel ja auch seinen Umsatz fördert, der im Falle der Rezeptpflicht sicherlich geringer sein dürfe.«

Als Quelle wird von Kirk ein Schreiben vom 13. Mai 1960 an den Leiter des Verkaufsbüros Essen angegeben, das sie in der späteren Anklageschrift I S. 82 fand.

Dieser Brief beseitigt alle Zweifel an den Motiven der Firma Grünenthal: Der bereits erzielte und noch zu erwartende Gewinn – deutlicher ausgedrückt: Profit – hatte medizinisch-ethische Bedenken längst ausgeräumt.

Dennoch leitete man im Frühjahr 1960 weitere tierexperimentelle Studien ein. Sie sollten Ergebnisse über die Beeinflussung des Nervensystems durch Thalidomid liefern. Man versicherte, dass bei den Versuchs-Ratten auch nach hochdosierten Thalidomidgaben keine Nervenschädigungen entdeckt worden waren. Forschungsleiter Mückter verkündete als Ergebnis der Versuchsreihe: »Damit dürften alle Meldungen über Nebenwirkungen nach langfristiger Contergananwendung dahingehend ausgelegt werden, dass es sich bei diesen Fällen um besondere Situationen handelt, für die Contergan allein ursächlich nur selten in Frage kommen dürfte.«

Solche Erklärungen überzeugten jedoch nicht alle

Ärzte davon, man könne Contergan auch weiterhin bedenkenlos einsetzen. Im Herbst 1960 wollten Neurologen ihre Erkenntnisse über thalidomidbedingte Nervenschädigungen publizieren. Sie wurden sehr bald von Grünenthal-Mitarbeitern aufgesucht, die sich darum bemühten, ihnen diese Absichten auszureden. Vergeblich, wie sich sehr bald erwies.

Im Oktober 1960 wurde bekannt, dass Krankenhäuser Thalidomidpräparate aus ihrer Medikamentenliste gestrichen hatten. Das löste neuen Eifer aus am Firmensitz in Stolberg in der Voreifel, unweit von Aachen.

Beate Kirk erinnerte an eine Besprechung am 2. November 1960, die damit endete, dass man sich zu einem zusätzlichen Vermerk auf den Contergan-Beipackzetteln aufraffte: »Wie bei nahezu allen Arzneimitteln kann es bei entsprechend disponierten Patienten nach mehr oder weniger langem Contergan-Gebrauch zu Überempfindlichkeitserscheinungen kommen. Merkmale solcher Nebenwirkungen können plötzlich auftretende Hautausschläge oder beständige Unruhe, Zittern, Kribbeln oder Taubheitsgefühl in den Händen bzw. Füßen sein. Nach dem sofortigen Absetzen des Präparates klingen diese allergischen Reaktionen wieder ab.«

Das war alles, was Grünenthal einfiel, um der zunehmenden Kritik an Contergan zu begegnen.

Im Vordergrund aber stand für das Unternehmen nach wie vor die drohende Rezeptpflicht. Da mehr als die Hälfte des Umsatzes über den sogenannten Handverkauf erzielt worden war, konnte ein Rezeptzwang für Grünenthal zu einer bedrohlichen Entscheidung werden. Beate Kirk fand heraus: »Ein Firmenvertreter suchte im

November 1960 deshalb die Gesundheitsabteilung des Bundesinnenministeriums auf und sprach mit dem für das Arzneimittelwesen zuständigen Beamten Heinrich Danner (1906-1978).

Da die Gesundheitsbehörden der Bundesländer für Rezeptpflichtunterstellungsverfahren zuständig waren, pflegte man ebenfalls den Kontakt zu diesen Behörden. So begaben sich im Dezember 1960 zwei Angestellte der Fa. Grünenthal auf Dienstreise; ihr Auftrag war, ›in den Ministerien darauf hinzuweisen, dass alle Angriffe unberechtigt seien, und dass keine Nebenwirkungen bekannt sind, die auf Contergan zurückzuführen sind‹.«

Auch dieser Satz ist der späteren Anklageschrift entnommen und erhärtet die Vorwürfe, dass Grünenthal allen Vorwürfen gegen Contergan mit allen verfügbaren Mitteln begegnete.

In der Anklageschrift des Prozesses gegen die Grünenthal-Verantwortlichen fand Beate Kirk im Bericht eines Pharma-Vertreters diesen makabren Satz: »Offenbar hat mein fröhliches Gelächter und die entsprechenden Hinweise auf die völlig harmlosen Eigenschaften des Präparates doch die oft so ängstlichen Apothekerherzen beruhigt.«

Wer heute liest, mit welchem Aufwand der Hersteller die Contergan-Werbung selbst dann noch betrieb, als sich die kritischen Meinungen von Ärzten und Apothekern längst häuften, muss vermuten, dass ethisches Verantwortungsbewusstsein in Stolberg restlos abhanden gekommen war.

Eine minutiöse Chronik der Ereignisse, die die Unzahl der Beschwerden und vor allem die rapide zunehmenden

Mitteilungen über Missbildungsgeburten auslöste, würde mehrere Buchbände füllen. So muss jeder Versuch einer Beschreibung der Geschehnisse lückenhaft bleiben.

Gemein ist allen Vorkommnissen, dass sie nicht in dem Ausmaß ernst genommen wurden, wie es die Verantwortung gegenüber der Sorge um die Wahrung der Gesundheit der Betroffenen erfordert hätte.

Die erste auch international schockierende Publikation kam aus England, wo das *British Medical Journal* am 31. Dezember 1960 einen Leserbrief der Ärztin Leslie Florence mit der alarmierenden Überschrift »Ist Thalidomid schuld?« veröffentlichte. Der Beitrag enthielt die Frage an alle Kollegen, ob auch sie Nervenschäden bei ihren Patienten festgestellt hätten.

Am 15. Februar 1961 wiederholte der Neurologe Voss bei einer Fortbildungsveranstaltung in Düsseldorf seine Kritik an Contergan, und im Verlauf der Diskussion bestätigten mehrere Teilnehmer, ähnliche Erfahrungen gesammelt zu haben.

Die geäußerten Bedenken der Ärzte waren so massiv, dass sich Grünenthal entschloss, seinen Widerstand gegen die Rezeptpflicht aufzugeben.

An dieser Stelle muss eingefügt werden, dass alle ernsthaften Bemühungen, die sich abzeichnende Katastrophe in den Griff zu bekommen, an einem simplen Umstand scheiterten: Die Bundesrepublik Deutschland verfügte zu jenem Zeitpunkt noch immer nicht über ein Gesundheitsministerium, das die notwendigen Maßnahmen hätte koordinieren können. Das Gesundheitswesen lag in der Kompetenz der Bundesländer, und die einzige zentrale Instanz war eine Gesundheitsabteilung im

Ministerium des Innern.

Auch das unterschied die BRD von der DDR, die bereits 1949 ein Ministerium für Arbeit und Gesundheit gegründet hatte und im Jahr darauf ein allein für das Gesundheitswesen zuständiges Ministerium installierte. Erster DDR-Gesundheitsminister war der Christdemokrat Luitpold Steidle. Ihm folgten 1958 Max Sefrin und 1971 Ludwig Mecklinger, ein promovierter Mediziner, der bis zum 7. November 1989 im Amt war.

Beate Kirk verwies in ihrer Arbeit auf ein Schreiben vom 17. Oktober 1960, dem zu entnehmen ist, dass sich bis zu jenem Zeitpunkt keine Instanz der Bundesrepublik Deutschland systematisch mit der Untersuchung des Falls Contergan befasste. Darin teilte ein Dr. Latsch dem Bundesinnenministerium mit, dass ein Forschungsprogramm über Missbildungsentstehung und -häufigkeit geplant sei.

Über den Fortgang des Projekts, dessen zügige Realisierung die Ursachen der Missbildungen bei Kindern schon bald hätte ermitteln können, berichtete Beate Kirk: Es fanden Beratungen in einem »größeren Kreis« statt. Erforscht werden sollte die Auswirkung von »Umweltfaktoren«, von denen ein Einfluss auf die Missbildungsgenese vermutet wurde.

Als nächstes wurde ein Sprecher der Arbeitskreise nominiert, aber erst 1963 – inzwischen hatte man sich in Bonn entschlossen, ein Gesundheitsministerium zu gründen – kam es zu ersten konkreten Maßnahmen.

Faktisch war die Forschungstätigkeit in den Kliniken weiterhin von der privaten Initiative verantwortungsbewusster Ärzte abhängig. Es gilt festzustellen, dass deren

Zahl ebenso zunahm wie die der Apotheker, die die Klagen ihrer Contergan-Kunden ernst nahmen und dem Hersteller zügig übermittelten.

Grünenthal aber reagierte kaum, hatte nur Apothekern zu Beginn des Jahres 1961 diskret über das Auftreten von Polyneuritiden (Polyneuritis, medizinischer Sammelbegriff für entzündlich verursachte Nerven-Erkrankungen mit anatomisch nachweisbaren Veränderungen des Nervengewebes) informiert und sich hinter den Kulissen bemüht, den Ursachen dieser »Nebenwirkungen« auf die Spur zu kommen. Eines der angeblich durch ernsthafte Forschungsarbeit ermittelten Resultate lautete: Die Ursachen seien mit Mangel an Vitamin B 1 zu erklären.

Die Klagen der unter den »Nebenwirkungen« leidenden Patienten nahmen ständig zu. Grünenthal-Mitarbeiter wurden immer wieder mobilisiert, um sie zu entkräften. In Krankenhäusern wurden massive Forderungen laut, die über die längst fällige Rezeptpflicht weit hinausgingen.

Beate Kirk schilderte folgenden Fall: »So berichtete ein Arztbesucher über ein Gespräch mit dem Direktor der Medizinischen Universitätsklinik in Bonn an die Stolberger Firmenzentrale: ›Die Rückbildungstendenz der Erkrankung [Polyneuropathie] sei außerordentlich schlecht. Er habe daher nunmehr jede Verordnung dieses Präparates an der Universitätsklinik untersagt. Darüber hinaus verlange er mit Nachdruck, dass Contergan sofort aus dem Handel gezogen werde. Eine Unterstellung unter die Rezeptpflicht sei ungenügend und verantwortungslos. Er wünsche keine Diskussion mehr mit der

Herstellerfirma‹.«.

Es dauerte nicht lange, bis die erste Schadenersatzklage einging und die Versicherung, die Grünenthals Interessen zu vertreten hatte, ernste Bedenken äußerte.

Dann meldete sich die Arzneimittelkommission der Deutschen Ärzteschaft, eine Institution der Bundesärztekammer. Deren Geschäftsführerin hatte die Mitglieder der Kommission im Januar 1961 nach thalidomidbedingten Nebenwirkungen befragt. Grünenthal reagierte im März 1961 mit einem »Ärztebrief«, in dem eingeräumt wurde, »dass es in einzelnen Fällen längeren oder überhöhten Dauergebrauchs« zu »sensiblen Polyneuritiden« gekommen sein könne.

Das wiederum bewog die Geschäftsführerin, Grünenthal erneut einen dringlichen Brief zu schreiben: »Erst durch einen gestern eingetroffenen allgemeinen Ärztebrief der Firma Grünenthal werde ich von diesen Beobachtungen durch Ihre Firma selbst unterrichtet, was ich sehr bedauere.«

Und Grünenthal? Schickte einen »Beauftragten« zum Sitz der Kommission nach Göttingen, um die Dame zu beruhigen. Er versicherte, dass man die Rezeptpflicht in die Wege leiten werde.

Doch diese Ankündigung konnte den Widerstand der Ärzte nicht mehr bremsen. Auf einem Internistenkongress vom 30. April bis 1. Mai 1961 referierte Ferdinand Hoff über nach Thalidomideinnahme registrierte Schädigungen. Kollegen schlossen sich seiner Kritik an.

Im April war auch die Landesregierung aktiv geworden. Der Pharmaziereferent der Gesundheitsabteilung im Innenministerium von NRW, Tombergs, hatte sich an

Grünenthal gewandt, allerdings erst, nachdem der mehrfach, aber ergebnislos seine Bedenken äußernde Neurologe Voss einen unmissverständlichen Brief an das Amt gerichtet hatte, welcher handfesten Ärger verhieß: »Sofern hier seitens der Behörde nicht rasch und energisch eingeschritten wird, dürfte ein Skandal unvermeidbar werden.«

Die Situation spitzte sich weiter zu, als ahnungslose Ärzte von Contergan-Reaktionen befallene Patienten wegen »Kreislaufstörungen« therapiert hatten und sogar mit Schlammpackungen behandeln ließen.

Grünenthal blieb dennoch bei der Taktik der kleinen Schritte. Ende Mai 1961 wurde die Rezeptpflicht für Thalidomid beantragt. Aber selbst in dieser Situation begründete man die Entscheidung mit Ausreden: »Wir begründen diesen Antrag mit der Beobachtung, dass sich in Anbetracht der guten Wirkung der Substanz die Verbreitung des Mittels zu einem nicht unwesentlichen Teil außerhalb der ärztlichen Kontrolle vollzog. Da wir von der hohen Bedeutung des Hypnotikums auch für die Zukunft überzeugt sind, wünschen wir keine Diskreditierungen, die durch ärztlich nicht indizierte Einnahme möglicherweise eintreten können.«

Diese »Erklärung« fand sich Jahre später ebenfalls in der Anklageschrift.

Am 23. Juni 1961 beantragte die Arzneimittelkommission der Deutschen Ärzteschaft beim nordrhein-westfälischen Innenministerium die Rezeptpflicht für *alle* thalidomidhaltigen Arzneimittel. Tags darauf empfahl ein Gutachten des Bundesgesundheitsamts die Rezeptpflicht.

Beate Kirk gelangte bei ihren Nachforschungen zu dem Schluss: »Für ein Verbot des Arzneistoffs sah der Verfasser des Gutachtens, der damalige Erste Direktor im Bundesgesundheitsamt, Professor Gerhard Kärber, jedoch keine ausreichende Grundlage.«

Und sie belegte auch die Begründung für dessen zögerliche Haltung, die einmal mehr die moralische Haltung der zuständigen Ämter offenbarte: »Er befürchtete, dass das Herstellerunternehmen eine derartige Maßnahme auf dem Rechtswege erfolgreich abwehren würde.«

Deutlicher ließ sich die Situation nicht offenbaren: Ein Pharma-Unternehmen bringt ein faktisch ungeprüftes – um einen Prozess zu vermeiden, ersetze ich »ungeprüft« durch »ungenügend geprüft« – Medikament auf den Markt, erzielt damit Fabelprofite und zeigt keinerlei Initiative, die schon sehr bald auftauchenden kritischen Kommentare erfahrener Ärzte gewissenhaft zu prüfen. Die unter den »Nebenwirkungen« leidenden Patienten interessierten nicht.

Aktiv waren einzig die Juristen von Grünenthal. Sie begannen über mögliche finanzielle Folgen nachzudenken, analysierten die Situation und rieten Schadensfälle ohne zeitraubende Prozesse durch »Vergleichszahlungen« zu regeln.

Schließen wir dieses Kapitel mit der Feststellung, dass am 28. Juli 1961 die erste Schadenersatzsumme in Höhe von 750 DM vom Grünenthal-Konto überwiesen wurde.

Absturz und Landung. Rauchzeichen vom *Spiegel*

Die Hoffnung in Stolberg, dass man mit Trinkgeldern für Querulanten der Katastrophe entkommen könnte, erfüllte sich nicht. Am 16. August 1961 gab der *Spiegel* das erste Rauchzeichen, Es hätte in Stolberg den Griff zur Reißleine provozieren müssen. Das aber unterblieb.

Schon die Titelzeile des Magazins »Zuckerplätzchen forte« signalisierte Gefahr: »Der Neurologe der angesehenen *Privatklinik Dr. Amelung* im Taunusort Königstein, Dr. Frenkel, stand vor einem Rätsel. Immer mehr Patienten klagten über merkwürdige Beschwerden.

Die Klinikgäste litten unter Unruhe und schmerzhaften Wadenkrämpfen. Sie wurden, teils am ganzen Körper, teils nur im Gesicht, von nervösen Zuckungen befallen; ihre Beine schwollen an, Hände und Füße schienen ihnen eingeschlafen zu sein. Mitunter ermüdeten die Patienten rasch beim Gehen und konnten sich nur noch mühsam aufrichten. Die Nervenstämme an Armen und Beinen waren hochgradig druckempfindlich. Einige Patienten hatten sogar unter Sprachstörungen zu leiden und konnten sich selbst einfache Dinge nicht mehr merken.

Neurologe Frenkel diagnostizierte die lästigen und schmerzhaften Erscheinungen als Symptome einer zentralnervösen Schwäche und, in einigen Fällen, einer allgemeinen Nervenentzündung (Polyneuritis).

Die Ursache der Erkrankung konnte er sich zunächst um so weniger erklären, als die meisten der betroffenen Patienten seit Jahren regelmäßig zu einem Kuraufenthalt in die Königsteiner Klinik zu kommen pflegten, so dass die Ärzte über jedes Detail ihrer Krankengeschichte genau informiert waren.

Da half ihm der Zufall weiter. Ausgerechnet eine Patientin, die nicht unter diesen polyneuritischen Beschwerden zu leiden hatte, erzählte ihm, wie übel ihr ein Schlafmittel namens Contergan bekommen sei. Sie hatte das Medikament, das von Arzneimittelvertretern zuweilen als ›Schlafmittel des Jahrhunderts, unschädlich wie Zuckerplätzchen‹ angepriesen wurde, rezeptfrei in einer Apotheke gekauft.

Mediziner Frenkel war verblüfft. Obgleich er selbst Contergan nie verordnet hatte, wusste er, dass dieses Schlaf- und Beruhigungsmittel als ungiftig galt, seit einigen Jahren in vielen Kliniken verabreicht und von vielen Ärzten verordnet wurde. Er spürte dem Hinweis nach.

Das Resultat schien eindeutig: Die Patienten, die über die mysteriösen Beschwerden klagten, hatten seit Monaten regelmäßig vor dem Schlafengehen eine oder zwei Tabletten Contergan oder Contergan-forte geschluckt.

Neurologe Frenkel verbannte daraufhin die Contergan-Röhrchen von den Nachttischen, und prompt erholten sich viele seiner Patienten. Ihr Allgemeinbefinden wurde besser, Zittern und Wadenkrämpfe ließen nach. Die Nervenentzündungen selbst erwiesen sich mitunter jedoch als hartnäckig. Zwölf Monate lang registrierten Neurologe Frenkel und seine Klinik-Kollegen die gleiche Erscheinung. Patienten, die dauernd Contergan zu nehmen pflegten, wurden von Nervenstörungen heimgesucht.

Konsultationen mit den Direktoren der Ersten Medizinischen Klinik und der Klinik für Gemüts- und Nervenkranke der Frankfurter Universität, den Professoren Ferdinand Hoff und Jürg Zutt, bestätigten die Königsteiner Erfahrungen: Der stete Gebrauch selbst kleiner Dosen von Contergan führte zu Nervenstörungen.

Angesichts der zunehmenden Beliebtheit des rezeptfreien Schlaf- und Beruhigungsmittels – nach Angaben der Herstellerfirma Chemie Grünenthal GmbH, Stolberg im Rheinland, wird es gegenwärtig von über einer Million Menschen regelmäßig eingenommen und selbst Säuglingen und Kleinkindern in Form eines nach Himbeersaft schmeckenden roten Sirups eingegeben – schien es dem Königsteiner Mediziner geraten, seine Ärztekollegen von den misslichen Erfahrungen mit Contergan in Kenntnis zu setzen.

Statt des erhofften baldigen Abdrucks seiner Aufzeichnungen in der Fachzeitschrift *Die Medizinische Welt* erhielt Nervenarzt Frenkel den Besuch von Grünenthal-Wissenschaftlern, die ihm das Publikationsvorhaben auszureden suchten.

Dabei wiesen die Stolberger Abgesandten, die Doktoren Werner und Sievers, auf die höchst eindrucksvollen Resultate hin, die sich bei der experimentellen und klinischen Erprobung ihres Contergans ergeben hatten.

So hatten Tierversuche in den Grünenthal-Laboratorien erwiesen, dass die mit Contergan gefütterten Kaninchen, Meerschweinchen, Mäuse und Frösche ohne Schaden die etwa 30 Tage dauernde Tabletten-Kur überstanden. Selbst extreme Überdosen vermochten den Versuchstieren nichts anzuhaben.

Auch Kliniktests verliefen durchaus ersprießlich. Dr. Hermann Jung von der Medizinischen Universitätsklinik

Köln fand heraus, dass sogar Patienten mit schweren Leberschäden Contergan gut vertrugen, Asthmatiker und Tuberkulöse mit Contergan trefflich einzuschläfern waren und Magenkranke ebenfalls keine Beschwerden meldeten. Auch die Versorgungskuranstalt Wildbad erprobte Contergan erfolgreich an einem ›Krankengut von Kriegsversehrten‹, und Kinderärzte lobten die beruhigende Wirkung von Contergan-Himbeersaft auf ängstliche und nervöse Kleinkinder«, hieß es im *Spiegel*-Beitrag vom August 1961.

»»Als die Veröffentlichung der Königsteiner Contergan-Erfahrungen noch immer auf sich warten ließ, trug der Frankfurter Universitätsprofessor Hoff sie schließlich auf dem letzten Wiesbadener Internisten-Kongress vor. Prompt entbrannten aufschlussreiche Diskussionen. Manchen Ärzten bot sich nun eine Erklärung für seltsame ›Kreislaufstörungen‹ und ›Nervenschmerzen‹, über die ihre Patienten mitunter geklagt hatten.

Im Mai 1961 erschien endlich Frenkels Bericht in der *Medizinischen Welt*. Fast zum gleichen Zeitpunkt hielt auch der Direktor der Kölner Universitätsnervenklinik, Professor Dr. Scheid, es für ratsam, in der *Deutschen Medizinischen Wochenschrift* die ›Nebenwirkungen auf das Nervensystem‹ zu beschreiben, die auf den regelmäßigen Gebrauch von Contergan forte zurückzuführen seien.«

Der *Spiegel* ließ noch eine Serie weiterer Beispiele folgen und verwies darauf, dass Grünenthal die Rezeptpflicht ansteuere. Das Blatt verfügte aber offensichtlich nicht über die Experten, die der Redaktion die tatsächlichen Contergan-Gefahren beschreiben konnten. So wurde in jenem Beitrag das Extrem-Risiko für Schwangere mit keiner Silbe erwähnt.

»Das Verdienst, diesen Contergan-Folgen auf die Spur gekommen zu sein, ist dem deutschen Kinderarzt und Dozenten für Humangenetik Widukind Lenz zuzuschreiben. Nicht ahnend, dass fast zur gleichen Zeit der australische Gynäkologe William Griffith McBride zu ähnlichen Forschungsergebnissen gekommen war, deren Publikation sich allerdings verzögerten, weil möglicherweise ein Grünenthal nahestendes britisches Unternehmen Einfluss nahm, war Lenz im Juni 1961 zum ersten Mal darüber informiert worden, dass Gliedmaßenfehlbildungen bei Neugeborenen in bislang nie beobachteter Dimension beobachtet worden waren.

Beate Kirk fand heraus: »Der Rechtsanwalt Karl-Hermann Schulte-Hillen wandte sich an Lenz, um den Grund für die Missbildung seines Sohnes herauszufinden. Auch Schulte-Hillens Schwester hatte eine Tochter mit ähnlichen Fehlbildungen zur Welt gebracht. Schulte-Hillen berichtete über weitere ihm bekannt gewordene derartige Fälle in der Umgebung seines Heimatortes Menden. Ein von Lenz kontaktierter Arzt in Menden bestätigte, dass in dieser Stadt mehrere Fälle von Extremitätenfehlbildungen bei Neugeborenen aufgetreten waren. Nach Rücksprache mit Fachkollegen aus Münster, die ebenfalls eine Zunahme der Fälle solcher Kindesmissbildungen beobachtet hatten, begann Lenz mit der Durchsicht der Geburtsbücher zweier großer Hamburger Entbindungskliniken der Jahrgänge 1960 und 1961. Aus einer früheren Untersuchung lagen ihm bereits Vergleichszahlen aus den Jahren 1930 bis 1958 vor.

Auch in Hamburg hatten die Fälle von Gliedmaßenfehlbildungen zugenommen. […]

Am 10. November 1961 sprach Lenz zum zweiten Mal mit der Ehefrau eines Arztes, die während ihrer gesamten Schwangerschaftsdauer regelmäßig das Thalidomidpräparat Contergan forte eingenommen hatte. Die Arztgattin hatte im Herbst 1959 in der Praxis ihres Mannes mit einer Ärztebesucherin der Fa. Grünenthal über ihre Schlafstörungen gesprochen. Die Firmenvertreterin versicherte ihr, dass Contergan ›völlig unschädlich‹ wäre; daher hatte die Arztgattin keinerlei Bedenken gehabt, dieses Arzneimittel auch während ihrer späteren Schwangerschaft einzunehmen.

Die im Dezember 1960 geborene Tochter verstarb infolge ihrer Missbildungen kurz nach der Geburt.«

Auf alle Kommentare zu diesem Sachverhalt aus gutem Grund verzichtend, darf wohl nicht übersehen werden, dass der juristische Aspekt dieses Sachverhalts die Staatsanwaltschaft hätte mobilisieren müssen.

Weiter bei Beate Kirk: »Am 12. November 1961 sprach Lenz mit den Eltern eines Jungen, der im Juli 1960 wegen schwerer Missbildungen in die Hamburger Universitätskinderklinik aufgenommen worden war, in der Lenz als Kinderarzt beschäftigt war. Die Eltern des mittlerweile ebenfalls verstorbenen Kindes antworteten Lenz, als dieser ihnen den Grund seines Besuchs erklärte, dass sie die Ursache der Missbildungen ihres Sohnes kennen würden. Sie hätten durch einen Artikel in der Zeitschrift *Der Spiegel* erfahren, dass Contergan zu Nervenschäden führen könne, das Arzneimittel hätte somit eine schädliche Wirkung. Da die Ehefrau zu Beginn ihrer

Schwangerschaft jeden Abend eine halbe oder eine ganze Tablette Contergan forte eingenommen hätte, müsste dies die Ursache der Missbildungen ihres Sohnes gewesen sein.«

Damit war – mit Medien-Hilfe – die entscheidende Spur gefunden worden.

»Lenz berichtete am 13. November 1961 auf der morgendlichen Ärztebesprechung in der Universitätskinderklinik Hamburg über seine Erhebungen; der Direktor der Kinderklinik Prof. Dr. Karl-Heinz Schäfer ordnete an, dass einer der angestellten Ärzte, Dr. Klaus Knapp, Lenz bei seinen Erhebungen unterstützen sollte. Lenz und Knapp suchten innerhalb der nächsten Tage weitere ihnen bekannte betroffene Familien auf und fragten gezielt, welche Arzneimittel in der Frühschwangerschaft eingenommen worden waren. Am 15. November 1961 kannte Lenz 14 Fälle, bei denen die Mutter eines mit Gliedmaßenfehlbildungen geborenen Kindes in der Frühschwangerschaft mit Sicherheit oder mit großer Wahrscheinlichkeit Contergan eingenommen hatte; Kontrollbefragungen bei Müttern gesunder Kinder ergaben hingegen, dass diese Frauen das Arzneimittel nicht eingenommen hatten.

Lenz hielt daher einen ursächlichen Zusammenhang zwischen Conterganeinnahme während der Frühschwangerschaft und den Kindesmissbildungen für sehr wahrscheinlich. Dies teilte er am 15. November 1961 dem Forschungsleiter der Fa. Grünenthal telefonisch mit.«

Dr. Widukind Lenz stoppte ursächlich die Profitgier in Stolberg. Als er 1995 starb, bekannte der *Spiegel*: »Für die Warnungen, die der ›Ritter ohne Furcht‹ Anfang der sechziger Jahre stetig wiederholte, wurde er zunächst nur getadelt und angegriffen, bis sich herausstellte, dass sie nur allzu berechtigt waren.«

Mit der entscheidenden Nachricht schockierte die *Welt am Sonntag* ihre Leser am 26. November 1961: »Eine erschreckende Warnung wurde von dem Arzt und Dozenten an der Hamburger Universitätsklinik Dr. W. Lenz auf einer Tagung der Rheinisch-Westfälischen Kinderärztevereinigung ausgesprochen. Dr. Lenz warnte vor einem Medikament, dessen Namen er nicht nannte. Doch soll es sich um ein weitverbreitetes Schlafmittel handeln. Auf Grund der von ihm gemachten Beobachtungen sei es denkbar, sagte der Arzt, dass zwischen diesem Medikament und der in letzter Zeit sich häufenden Zahl von Missgeburten ein Zusammenhang besteht. Das Mittel müsse sofort zurückgezogen werden. [...]

Dr. Lenz sprach die Warnung im Laufe einer Diskussion aus, die sich an einen Vortrag über die Entstehung schwerer Extremitätenmissbildungen anschloss. In erschreckender Weise haben während der letzten Jahre solche Missbildungen zugenommen. Immer häufiger kämen Kinder zur Welt, denen ein Arm, eine Hand, ein Fuß fehlt oder bei denen die Füße direkt aus der Hüfte ragen, Hände an den Schultern sitzen.

Ein ursächlicher Zusammenhang zwischen der Aufnahme der Substanz und den Missbildungen sei zwar noch nicht bewiesen, sagte Dr. Lenz; er fuhr jedoch fort: ›Ein Zusammenhang ist aber denkbar! Als Mensch und Staatsbürger kann ich es daher nicht verantworten, meine Beobachtungen zu verschweigen. Angesichts der unübersehbaren menschlichen psychologischen, juristischen und finanziellen Konsequenzen habe ich der Herstellerfirma meine Beobachtungen mitgeteilt und meine persönliche Meinung zum Ausdruck gebracht, dass die sofortige Zurückziehung des Mittels erforderlich sei, bis seine Unschädlichkeit sicher nachgewiesen sei [...]. Jeder Monat Verzögerung in der Aufklärung bedeutet die Geburt von 50 bis 100 entsetzlich verstümmelten Kindern!‹

Bisher wurde es aber noch nicht zurückgezogen! Sollte diese Warnung, die aus ärztlichem Verantwortungsbewusstsein gegeben wurde, überhört werden? Es ist Zeit, dass die Behörden eingreifen! Solange nur der geringste Verdacht besteht, dass jenes Mittel verheerende Wirkungen haben kann, ist sofortiges Handeln geboten.«

Diese Zeilen hätten einen Rahmen verdient. Nach Warnungen und Protesten und Mahnbriefen, die über Jahr und Tag aus Arztpraxen kamen, forderte die *WamS*: »Es ist Zeit, dass die Behörden eingreifen! Solange nur der geringste Verdacht besteht, dass jenes Mittel verheerende Wirkungen haben kann, ist sofortiges Handeln geboten.«

Solch Verdacht war tausendmal vorgetragen und ignoriert worden! Auch von den Medien, vor allem aber von den Instanzen, die im »Rechtsstaat« für Recht und Ordnung zu sorgen hätten.

Damit begann die Lawine des Contergan-Debakels zu rollen.

Der *Spiegel* holte am 16. Dezember 1961 zum Nachschlag aus und bemühte sich, eigene frühere Beiträge als die für das Contergan-Verbot entscheidenden Veröffentlichungen herauszustellen: »Bis zum Montag vergangener Woche wussten die Bundesbürger nichts von der ›Missbildungs-Epidemie‹. An diesem Tage jedoch wurden die westdeutschen Zeitungsleser unter dicken, mit mehr (*Die Welt*: ›Missbildungen durch Schlaftabletten?‹) oder weniger Takt (*Bild*: ›Missgeburten durch Schlaftabletten?‹) verfassten Schlagzeilen zwar nicht über das Ausmaß des Unglücks, wohl aber über seine vermeintliche Ursache aufgeklärt.

Der Kinderarzt und Dozent an der Hamburger Universitäts-Kinderklinik Dr. Widukind Lenz habe, so berichteten die Zeitungen, ›Alarm geschlagen‹ und vor dem meistbenutzten Schlafmittel gewarnt. Die Blätter identifizierten das Schlafmittel als ›Contergan‹ und meldeten, daß die Herstellerfirma, die pharmazeutische Fabrik ›Chemie Grünenthal GmbH‹ in Stolberg bei Aachen, inzwischen ihr Erfolgspräparat aus dem Handel gezogen habe.

Zum zweitenmal innerhalb weniger Monate wurde damit die erst nach dem Krieg gegründete Arzneimittelfabrik Chemie Grünenthal mit ihrem Contergan-Präparat in eine Medizin-Affäre verwickelt.

Im Spätsommer hatte der *Spiegel* (34/1961) auf einen Sachverhalt hingewiesen, der bis dahin nur Lesern medizinischer Fachzeitschriften bekannt war: Das Schlaf- und Beruhigungsmittel Contergan kann bei Gebrauch über einen längeren Zeitraum bedenkliche Nebenwirkungen verursachen.

Weit über eine Million Bundesbürger schluckten damals täglich das rezeptfreie Präparat, das 1957 aus Tierversuchen und Kliniktests mit guten Noten hervorgegangen und schnell das erfolgreichste Schlafmittel der Welt geworden war. Die Ärzte lobten, dass sogar Patienten mit schweren Leberschäden Contergan gut vertrügen, dass Asthmatiker und Tuberkulöse damit trefflich einzuschläfern seien und auch Magenkranke keine Beschwerden meldeten.

Doch Mitte dieses Jahres zeigte das ›stärkste Kind der Firma Chemie Grünenthal‹ (so Grünenthal-Wissenschaftler Dr. Sievers) bedenkliche Charakterzüge: In den medizinischen Fachblättern erschienen nun immer häufiger wissenschaftliche Arbeiten, die sich mit Folge-Erscheinungen des Contergan-Gebrauchs befassten. [...] Jeder vierte Patient, der über Contergan-Schäden klagte, wies Lähmungen auf. Die Mediziner hielten diese Erscheinungen für um so schwerwiegender, als die Störungen nur langsam oder gar nicht verschwanden.

Was manche Ärzte aus den Fachzeitschriften lernten, viele aber erst von Patienten erfuhren, die den im August veröffentlichten Contergan-Bericht des *Spiegel* gelesen hatten, wussten die Grünenthal-Werke schon seit Herbst 1959. Freilich waren damals erst sehr wenige Gesundheitsstörungen durch Contergan beobachtet worden. Bis zum November 1960 hatte die Firma – nach eigenen Angaben – 31 Meldungen über Contergan-Schädigungen erhalten.«

Diese Mitteilung beseitigte letzte Zweifel an der Seriosität des Vorgehens von Grünenthal – 31 Hinweise auf schädigende Nebenwirkungen des Medikaments hätten zu konsequenten Schritten und einer wissenschaftlichen Nachkontrolle des Medikaments führen müssen.

Der *Spiegel* Ende 1961 dazu: »Sechs Monate später – der Contergan-Konsum war nunmehr in der Bundesrepublik auf über eine Million Einschlafportionen pro Nacht gestiegen – erschien es Chemie Grünenthal ratsam, für Contergan die Rezeptpflicht zu empfehlen; Begründung: Es solle dem Missbrauch Einhalt geboten werden.

Mehrmals hätten Vertreter der Firma, so versicherte der Grünenthal-Wissenschaftler Dr. Sievers, die Gesundheitsbehörden der Länder gedrängt, die Rezeptpflichtverordnung für Contergan baldmöglichst zu erlassen. In einigen Ländern, in Nordrhein-Westfalen, Hessen, Baden-Württemberg, dem Saarland, wurde dann auch seit dem 1. August dieses Jahres Contergan nur noch auf Rezept verkauft.

Andere Länder dagegen ließen sich Zeit. In Hamburg wurde Contergan am 7. November rezeptpflichtig, in Schleswig-Holstein am 9. November. Trotzdem wurde das Mittel noch am vergangenen Montag von Kieler Apotheken anstandslos ohne Rezept abgegeben. Zum gleichen Zeitpunkt war es in Bayern, Niedersachsen und Rheinland-Pfalz noch gar nicht rezeptpflichtig.

Die naheliegende Folgerung, den Verkauf des bedenklichen Schlafmittels zu stoppen, bis die Rezeptpflicht in allen Bundesländern verfügt sein würde, gedachte die Firma jedoch nicht zu ziehen. ›Die Frage, dieses gute Präparat aus dem Handel zu nehmen‹, erklärte der Syndikus der Chemie Grünenthal, Dr. von Veltheim, ›stand für uns nicht zur Debatte.‹«

Auch diese Erklärung gehört zum Skandal. Sie wirft die Frage auf: Ab wann steht ein umstrittenes Medikament bei den Pharmakonzernen zur »Debatte«?

Der *Spiegel* kannte gegenüber Grünenthal nun keine Hemmungen mehr: »Statt dessen verschickte die Arzneimittelfirma an Ärzte und Apotheker mehrmals hektographierte Rundschreiben (›mit Sondermarken beklebt, damit die Briefe zwischen der Reklame auffallen‹), in denen die beobachteten Nebenwirkungen vorsichtig angesprochen und zugleich die guten Eigenschaften des Medikaments hervorgehoben wurden. Auch die den Packungen beigegebenen Gebrauchsanweisungen wurden mehrmals geändert. Noch die letzte Fassung war indes so gehalten, dass sie weniger als Warnung, eher als Beschwichtigung aufgefasst werden konnte.

›Unkontrollierte Anwendung‹, hieß es etwa auf den Gebrauchsanweisungen, ›kann in vereinzelten Fällen Nebenwirkungen hervorrufen. [...] Wird bei Beobachtungen der ersten Anzeichen [...] das Präparat sofort abgesetzt, so klingen die Symptome meist ohne weitere Therapie ab.‹

So verkauften Apotheken in Teilen der Bundesrepublik Contergan noch immer rezeptfrei, als in der vorletzten Woche gegen das Schlafmittel auch der Verdacht ausgesprochen wurde, es könne möglicherweise noch weitaus schwerwiegendere Schäden hervorrufen: Missbildungen bei Kindern, deren Mütter während der Schwangerschaft Contergan eingenommen hatten.

Der Krefelder Kinderarzt Professor Wiedemann (heute Direktor der Universitäts-Kinderklinik Kiel), der im September als erster auf die plötzliche Häufung von ›Fehlbildungen der Gliedmaßen‹ hingewiesen hatte, erörterte damals auch die möglichen Ursachen der Missbildungen. Wiedemann hielt für unwahrscheinlich, dass es sich um Erbschäden, Folgen von Röntgen- oder radioaktiven Bestrahlungen oder Schäden durch chemische

Empfängnisverhütungsmittel handele. Er schrieb: ›Wir möchten am ehesten die Auswirkung eines sonstigen in unserem Zivilisationsbereich neuerdings *eingeführten* und hier weit oder allgemein verbreiteten *toxischen* Faktors vermuten – aber wir kennen ihn nicht.‹

Unterdes war auch an der Hamburger Universitäts-Kinderklinik der Dozent Dr. Lenz auf die Häufung des besonderen Typs von Missbildungen aufmerksam geworden. Um den Ursachen auf die Spur zu kommen, entwarf Lenz umfangreiche Fragebogen für Frauen, die missgebildete Kinder geboren hatten. [...]

In einigen Fällen untersuchte Lenz sogar persönlich die Apothekenschränke der Familien. Als der Forscher 20 Fälle recherchiert hatte, stellte er fest,

• dass die Mehrzahl der von ihm befragten Frauen Contergan eingenommen hatte,

• dass bei fast allen übrigen Müttern mit missgebildeten Kindern die Möglichkeit des Contergan-Konsums während der Schwangerschaft nicht ausgeschlossen werden konnte.«

Hier gilt es, eine Feststellung einzufügen, die der *Spiegel* – verständlicherweise – in seinem Beitrag unterschlug: Lenz hatte die von Professor Wiedemann und vielen anderen nach den Ursachen der Contergan-Folgen forschenden Wissenschaftlern verfolgten »Erbschäden, Folgen von Röntgen- oder radioaktiven Bestrahlungen« auch durch eine Entdeckung nahezu widerlegt, die in der Bundesrepublik mit äußerstem Unbehagen zur Kenntnis genommen worden war: Es gab keine Missbildungserscheinungen in der DDR. Die hatte es nämlich trotz »Röntgen- oder radioaktiven Bestrahlungen« nicht gegeben. Und zwar nicht, wie man heute natürlich behaupten würde, weil die DDR-Obrigkeit alle Informationen durch »die Stasi« hatte unterdrücken lassen, sondern weil es tatsächlich keine gegeben hatte. Zu diesem Aspekt der Affäre Contergan wird einiges zu ergänzen sein.

Der *Spiegel* enthüllte weiter: »Am 16. November teilte Lenz der Chemie Grünenthal telefonisch seinen Verdacht mit, dass Contergan die Ursache von Missbildungen sein könne und forderte die Firma auf, das Präparat vorsorglich sofort aus dem Handel zu ziehen.

Drei Tage später erfuhren Mediziner, die sich zur Tagung der Rheinisch-Westfälischen Kinderärzte-Vereinigung in Düsseldorf versammelt hatten, von dem Verdacht des Hamburger Arztes Dr. Lenz. In einer Diskussionsbemerkung wies er darauf hin, dass er seinen Verdacht zwar noch nicht nach wissenschaftlichen Kriterien einwandfrei bestätigen könne.

Jedoch: ›Als Mensch und Staatsbürger kann ich es mit meinem Gewissen als Arzt nicht vereinbaren, zu schweigen.‹ Jeder weitere Monat, in dem das Schlafmittel (Lenz vermied, den Namen Contergan zu erwähnen) noch im Handel sei, könne bedeuten – falls sich sein Verdacht bestätige –, dass die Zahl der missgebildeten Kinder in der Bundesrepublik um 50 bis 100 vermehrt würde.

Sechs Stunden lang rangen dann am Freitag vorletzter Woche Gesundheitsbeamte und Grünenthal-Abgesandte im Düsseldorfer Innenministerium um die Konsequenzen, die aus den Beobachtungen des Dr. Lenz zu ziehen seien.

Chemie Grünenthal erbot sich, Ärzte und Apotheker über die Bedenken des Hamburger Kinderarztes zu unterrichten und die Contergan-Packungen künftig mit dem Etikett ›Bei Schwangeren nicht verabreichen‹ zu bekleben. Als die Gesundheitsbeamten jedoch andeuteten, dass möglicherweise der Verkauf des Präparats unterbunden werden müsse, zeigten sich die Firmen-Vertreter empört: Sie drohten an, gegen eine solche Verfügung rechtlich vorzugehen.

Einen Tag später, offenbar angesichts der ›Riesengefahr, wenn die Unterlagen zu Recht bestehen könnten‹ (Grünenthal-Wissenschaftler Dr. von Schrader-Beielstein), bekam die Firmenleitung, was manche Contergan-Esser als harmloseste Folge des Schlafmittel-Konsums verspürt hatten: kalte Füße. Am Sonnabend vorletzter Woche beschloss Chemie Grünenthal, Contergan aus dem Handel zu nehmen. […]

Dass der Verkaufsstopp angebracht war, bestätigte letzten Donnerstag ein Gremium von Wissenschaftlern, die von der Landesregierung Nordrhein-Westfalen zu einer Geheimsitzung über Contergan eingeladen worden waren.

›Es lässt sich nicht ausschließen‹, verlautbarte die Professoren-Kommission nach vielstündiger Sitzung, ›dass mindestens in ungünstigen Fällen nachteilige Wirkungen auf die kindliche Entwicklung eintreten können.‹«

Ein Urteil, das die Atmosphäre erahnen ließ: Die fatalen Missbildungen der Kinder wurden als »nachteilige Wirkung auf die kindliche Entwicklung« deklariert, aber eben auch nur in »ungünstigen Fällen.«

Das spiegelte die Realität der bundesdeutschen Gesellschaft und des Rechtsstaats wider: Nach Wochen sinnlosen Streits, der zahllosen Kindern das Leben oder zumindest die Gesundheit kostete, entschloss man sich endlich, der unmenschlichen Profitjagd eines Pharma-Unternehmens ein Ende zu bereiten.

Die Ministerin greift ein

Als erstes wurden die Gesundheitsämter des Landes Nordrhein-Westfalen aufgefordert, die Zahl der mit Missbildungen zur Welt gekommenen Kinder zu ermitteln. Das geschah Ende 1961 und umfasste den Zeitraum vom 1. Januar 1959 bis zum 31. Dezember 1961.

Sollte jemand die Frage stellen, warum das erst zu Beginn des Jahres 1962 geschah, bliebe er ohne Antwort.

Inzwischen hatte sich die Bundesrepublik den Luxus eines Gesundheitsministeriums geleistet und die erste Ministerin, Elisabeth Schwarzhaupt erklärte in der Bundestagssitzung am 26. Oktober 1962: »Am 14. November 1961 wurde das Ministerium gegründet, und ich trat meinen Dienst an. Am 18. November, also vier Tage danach, gab Professor Lenz das Ergebnis seiner Untersuchungen bekannt. So hat uns die furchtbar schwere Last der Verantwortung für dieses ganze Problem, der Gedanke an den Schmerz und die furchtbaren Sorgen der Eltern begleitet, seit wir unsere Arbeit im Ministerium aufgenommen haben.«

So lautete die »Bilanz« der Ministerin nach gut zehn Monaten Amtszeit.

Die gravierendste Frage aber war: Hatte man inzwischen den Handel mit Thalidomid untersagt?

Die Antwort: Nein. Angeblich ließen das die Verträge Grünenthals mit ausländischen Lizenznehmern nicht zu.

Vor allem aber: Die Ministerin hatte in der Bundestagsdebatte am 22. Februar 1962 noch allen Ernstes erklärt: »Nach meiner Kenntnis der Dinge ist es [...] sehr kompliziert, festzustellen, ob […] überhaupt ein Zusammenhang besteht.«

Was Frau Schwarzhaupt damit meinte? Den Zusammenhang zwischen Contergan und den Missbildungen?

Den stellte sie allen Ernstes und im Namen der Bundesregierung noch in Frage!

Als nahezu unlösbares Problem erwies sich, die Zahl der mit Missbildungen geborenen Kinder überhaupt zu ermitteln. Die an dieser Aufgabe Scheiternden beriefen sich darauf, dass keine »Meldepflicht für Kindesmissbildungen« existiere. Im Oktober 1962 hatte man im Bundestag die vermutliche Zahl von 3.100 lebenden Kindern mitgeteilt. Die tatsächliche Zahl wurde nie ermittelt.

Als man eines Tages damit beginnen wollte, die Zahl der in der Bundesrepublik vertriebenen Arzneimittel festzustellen, wurde mitgeteilt, dass das zuständige Amt völlig unterbesetzt sei und etwa sieben Jahre benötigen werde, um eine Antwort geben zu können.

Die nächste Aufgabe, die die Ministerin im Zusammenhang mit dem Contergan-Skandal lösen sollte, bestand darin, für eine gesetzliche Regelung der Entschädigung der Betroffenen zu sorgen. Auch in dieser Frage hielt sich der Ehrgeiz in Grenzen. Der *Spiegel* skizzierte am 26. September 1962 die Situation mit den Worten: »Ein dringlicher Brief der CDU-Bundesgeschäftsstelle in Bonn schreckte die hanseatische Bundestagsabgeordnete Irma Blohm, 52, aus der Sommererholung im Hotel ›Elefant‹ der Südtiroler Bischofsstadt Brixen auf. Die Frauenreferentin in der CDU-Bundesleitung, Dr. Ilse Bab, 39, erteilte darin ihrer Hamburger Parteifreundin den delikaten Auftrag, die 61-jährige CDU-Gesundheitsministerin Elisabeth Schwarzhaupt zwecks politischer Umerziehung ins Gebet zu nehmen. Bab an Blohm: ›Die Contergan-Wogen sind höher, als uns lieb ist. Ich verspreche mir viel von Ihrem Gespräch mit Frau Schwarzhaupt.‹ [...]

Irma Blohm hat der Ministerin laut Bab-Epistel vorzuhalten: ›Hätte selbst zur Pressekonferenz (über die Contergan-Schäden) kommen müssen, nicht (Ministerialdirektor) Stralau halten lassen. Kam schlecht an. [...]‹

In der Tat wurde dem Gesundheitsministerium ein schlechtes Echo zuteil, als Ministerialdirektor Stralau aus Anlass des Contergan-Schocks in der Öffentlichkeit eine Pressekonferenz aufzog. Während die Ministerin in Kärnten Erholung suchte, verkündete ihr Beamter in Bonn, in der Bundesrepublik seien 5.000 Contergan-Babys ermittelt worden; die Sterblichkeit habe 50 Prozent betragen. Daher berichteten einige Blätter über 10.000 Kleinkinder mit Missbildungen, von denen 5.000 gestorben seien. Tatsächlich wurden bis jetzt 3.184 angeblich betroffene Babys registriert. Unbeliebt machte sich Elisabeth Schwarzhaupt auch mit der Erklärung, dass ›eine Bevorzugung der Contergan-Kinder gegenüber allen anderen [...] körperbehinderten Kindern‹ ungerecht sein würde.

Vollends verärgerte die Ministerin ihre Partei mit der unpopulären Mitteilung, sie halte nichts von einem staatlichen Kontrollapparat für Arzneimittel. Stattdessen entstand im Gesundheitsministerium ein Gesetzentwurf, der die Hersteller von Medikamenten zur Prüfung ihrer Erzeugnisse auf mögliche ›Keim- und Fruchtschäden‹ verpflichten soll – ein kostspieliges Verlangen, das noch in keinem anderen Land gestellt wird.«

Bundesdeutsche Mediziner bemühten sich also aus eigener Verantwortung darum, das Rätsel der Kinder-Missbildungen aufzuklären.

2006 sagte dazu Beate Kirk in einem *WDR*-Interview: »Kinderärzten fiel auf, dass vermehrt Kinder mit verkürzten Gliedmaßen geboren wurden. Darüber wurde am Rande von Kinderärztekongressen im Jahr 1961 häufig gesprochen. Aber erst der Kinderarzt Widukind Lenz stellte den Zusammenhang mit Contergan her. Man hatte zuvor häufig an eine Folge des radioaktiven Niederschlags durch die damaligen Atombombenversuche gedacht. Lenz fand aber heraus, dass es die Häufung von Kindesmissbildungen in der DDR nicht gab. Er hat seine These Ende November 1961 auf einem Kongress öffentlich dargelegt.«

Dass dieser Hinweis auf die DDR in den nachfolgenden Jahrzehnten nie eine Rolle spielte, kann nicht überraschen. Wie hätte man der bundesdeutschen Öffentlichkeit erklären sollen, dass so etwas in der DDR nicht möglich ist. Wirksame Kontrollen schützten deren Bürger, und Profitgier kannte man dort auch nicht.

Das Thema »Contergan und die DDR« behandelte 2002 eine Publikation der Leibniz-Sozietät. In dem Beitrag von Werner Scheler und Peter Oehme wurden dort die Memoiren von Friedrich Jung gewürdigt worden. Dieser hatte, wie gleich zitiert werden wird, nachweislich einen persönlichen Anteil daran, dass es in der DDR zu einer solchen Tragödie nie kommen konnte.

»In Friedrich Jung erscheint das Bild eines Menschen, dessen Lebensweg durch die Verwerfungen der deutschen Geschichte führt, dessen wissenschaftlicher Werdegang mit den revolutionierenden Entwicklungen der Molekularbiologie und Biomedizin verbunden ist und dessen Maxime es war, dass Erkenntnis zur Verantwortung für das menschliche Gemeinwesen zwingt«, beginnen Scheler und Oehme.

»Mitten im Staatsexamen bricht im September 1939 der Krieg aus. Jung wird eingezogen, an das Institut zurückkommandiert, mit der Aufklärung von Vergiftungen bei Munitionsarbeitern beauftragt. Er ist einer der Ersten, der die neue Methode der Elektronenmikroskopie zur Erforschung biologischer Objekte einsetzt. Am Institut schließt er sich einem oppositionellen Kreis um Robert Havemann und Fritz von Bergmann an, zu dem auch Waltraut Schwarzkopff, seine spätere Frau, gehört«, heißt es dort weiter. »Er schreibt an seiner Habilitationsschrift, und während eines Heimaturlaubs 1944 habilitiert er sich. In den letzten Kriegsmonaten ist er beratender Toxikologe einer Heeresgruppe an der Westfront, und wird Anfang 1945 an eine Munitionsanstalt im Allgäu abkommandiert, in der geheime Bestände von Granaten mit hochtoxischen Nervengasen lagern.

Gemeinsam mit dem Kommandanten der Anstalt widersetzt er sich dem Führerbefehl zur Sprengung, und vermittelt als Parlamentär die kampflose Übergabe an französische Truppen. So wird eine Katastrophe größten Ausmaßes für die Region verhindert.

Nach Kriegsende setzt Jung seinen wissenschaftlichen Weg als Dozent in Tübingen und als kommissarischer

Leiter des Würzburger Pharmakologischen Instituts fort«, repetieren die beiden Autoren. »In dieser Phase, man schreibt das Jahr 1948, erreichen ihn Angebote aus Berlin. An der Akademie der Wissenschaften wird ein leitender Pharmakologe gesucht, und an der Humboldt-Universität ist – nach Gründung der Freien Universität (*in Westberlin – K. H.*) – der frühere Lehrstuhl seines Lehrers Heubner neu zu besetzen. Das Institut selbst ist eine Ruine.

Jung folgt beiden Rufen, leitet den Wiederaufbau des Instituts und vermag in wenigen Jahren beide Wirkungsstätten zur internationalen Geltung zu führen. Aus seiner Schule gehen mehrere Ordinarien und leitende Wissenschaftler hervor.

1972 wird er Direktor des neugegründeten Zentralinstituts für Molekularbiologie der Akademie der Wissenschaften (*der DDR – K. H.*), das unter seiner Leitung zu einem Zentrum moderner biowissenschaftlicher Forschung auf Gebieten wie der Biophysik, der Biochemie, der Molekular- und Zellbiologie, der Gentechnik, der Wirkstoffforschung und der Biotechnologie wird. Mit Tatkraft widmet er sich gesundheits- und wissenschaftspolitischen Aufgaben, die an ihn herangetragen werden. Er wird Mitglied und dann Vorsitzender des Zentralen Gutachterausschusses für den Arzneimittelverkehr beim Gesundheitsministerium.

In dieser Funktion gelingt es ihm, für die DDR eine international vorbildliche Arzneimittelgesetzgebung auf den Weg zu bringen, ein Vorhaben, wie es schon Heubner und anderen kritischen Pharmakologen vorgeschwebt hatte.

Der Sorgfalt von Jung und seinem Gremium ist es zu verdanken, dass es in der DDR zu keiner Contergan®-Tragödie kommt.«

Prof. Dr. Friedrich Jung hieß also der Mann, der die in der DDR heranwachsenden Mütter vor einer solchen Katastrophe bewahrte.

Am 1. Juni 1991 begann unsere Freundschaft mit einem Brief, den er an Knut Holm adressiert hatte, einem Pseudonym, das ich als Autor des spotless-Bandes »Das Charité-Komplott« gewählt hatte.

»Sehr geehrter Herr Holm!

Als ehemaliger Charité-Mitarbeiter habe ich Ihr Büchlein mit großem Interesse gelesen. Was sich dort jetzt abspielt, ist eine menschliche Tragödie und ein wissenschaftlicher Skandal. 1949 übernahm ich dort den Lehrstuhl für Pharmakologie: Das Institut war eine teilweise eingestürzte Brandruine. Mein einstiger Mitassistent und Freund R. Havemann überließ mir in der Bunsenstraße ein kleines Dienstzimmer.

Die ersten Vorlesungsveranstaltungen konnte ich in der Speisebaracke eines naheliegenden Betriebs durchführen – Mitarbeiter hatte ich zunächst keine.

Der Wiederaufbau des Instituts in der Zetkin-Straße begann mit der Enttrümmerung, im Keller mit einer einigermaßen dichten Decke richtete ich mir dann ein kleines Dienstzimmer und daneben ein Sekretariat wie eine Werkstatt ein. Dann gewann ich für das Institut die ersten Assistenten.

Es entstand ein gut eingerichtetes Institut, das für unsere Wissenschaft national wie international wichtig wurde. 1972 gab ich es an meinen ersten Nachfolger ab, da ich das Zentralinstitut für Molekularbiologie der Akademie der Wissenschaften aufbauen sollte. Aus diesem heraus entstand dann noch ein weiteres Institut meines Fachs, das Institut für Wirkstoffforschung der Akademie.

Insgesamt konnte ich bei meiner Emeritierung 1982 rückschauend feststellen, dass zusammen mit einigen Freunden, ich nenne speziell S. M. Rapoport, Kurt Winter, aber auch Prokop, Kraatz, Kettler, Brugsch u. a., wir ein hervorragendes wissenschaftliches Zentrum aufgebaut hatten, das vielen leidenden Menschen geholfen hat und in seinen Leistungen dem Traum nahe kam, welchen Kurt Winter als eine neue Blüte der deutschen Medizin einst charakterisierte.«

Und dann folgte die für unser Thema wesentliche Feststellung: »Wichtig wurde für mich auch meine 1950 aufgenommene Tätigkeit als Vorsitzender des Zentralen Gutachterausschuss für den Arzneimittelverkehr in der DDR. Sie erwähnen einiges aus unserer Arbeit in Ihrem Büchlein – unerwähnt bleibt, warum es keine Contergan-Babies in der DDR gab. Ärzte in der DDR wollten dieses Prima-Westmedikament haben, und unsere Industrie wollte es herstellen. Wir verhinderten das, noch bevor man etwas über die schrecklichen Folgen dieses Mittels wusste. Uns war das Präparat verdächtig und ungenügend untersucht – außerdem hielten wir es für überflüssig: Es gab bessere Beruhigungsmittel.«

Diese Zeilen wurden zum Fundament der Freundschaft zwischen dem berühmten Wissenschaftler und dem spotless-Autor, die noch Jahre währte. Interessiert hatte ich sie gelesen und Jung um Einzelheiten gebeten.

Prof. Friedrich Jung blieb nach dem Tode seiner Frau in einem der Backstein-Torhäuser in der »Krankenstadt« Berlin-Buch wohnen. Zu seinen persönlichen Leidenschaften gehörte das Kochen, und so lud er mich fortan oft und gern an seine Mittagstafel. Wir verbrachten viele gemeinsame Stunden wenn er seine köstlichen Mahlzeiten auftrug und bei den Gesprächen erfuhr ich auch die Details, wie er die Zulassung von Contergan in der DDR verhindert und damit möglicherweise Tausende Menschen vor lebenslangem Schaden bewahrt hatte.

Halten wir fest: Bzüglich der Zulassung von Arzneimitteln war die DDR dank jenes Gutachterausschusses für den Arzneimittelverkehr in der DDR der Bundesrepublik weit voraus. Der Ausschuss, dem Jung vorsaß und der verbindliche Entscheidungen über die Arzneimittelproduktion in der DDR traf, war – wie er in dem Brief bestätigte – bereits 1950 gegründet worden.

Als ein knappes Jahrzehnt später der Wirbel um Contergan in der Bundesrepublik begann, existierte dort keine Instanz, die auch nur ein bescheidenes Mitspracherecht bei der Neuproduktion von Medikamenten besaß. Die im Kampf gegen die Contergan-Folgen engagierten Ärzte folgten ausnahmslos eigenem Antrieb, weil sie es als ärztliche Pflicht betrachteten, gegen das so lebensgefährdende Geschäft anzugehen. Es gab keine staatliche Instanz, die an ihrer Seite stand!

Mit beträchtlichem Eifer wird die DDR seit 1990 als unmenschliche Diktatur diskriminiert.

Der »Fall Contergan« offenbart die Lüge, indem der Vorgang zeigt, wie viel wo ein Menschenleben zählte. Geschäfte mit der Gesundheit waren in der DDR verboten, und Experten wie Prof. Jung wahrten darüber, dass die entsprechenden Gesetze strikt eingehalten wurden.

All diese Feststellungen sind nicht irgendwelche nachträglichen Rechtfertigungen, sondern nüchterne Wahrheiten, die niemand widerlegen kann.

Und so fühle ich mich nicht nur verpflichtet, die Rolle Prof. Jungs mit allem Nachdruck zu würdigen, sondern auch das Verdienst der DDR hervorzuheben, dass Medikamente nie zur Ware missrieten und auch dafür Sorge getragen wurde, dass die meisten Versuche, Contergan in die DDR zu schmuggeln, vereitelt wurden. Unsern Grenzern und Zöllnern sei Dank.

Die Zahl der Contergan-Babies in der BRD war fünfstellig – mindestens 5.000 starben schon bald nach der Geburt. In der DDR waren es acht.

Wie man Prof. Friedrich Jung dafür gebührend ehren könnte, sollte gewissenhaft überlegt werden.

Anlass für die Entstehung jenes spotless-Bandes, der uns zusammenführte, war die seit dem Untergang der DDR anlaufende Diffamierung unseres Gesundheitswesens. Der *Spiegel* hatte in Heft 6/1991 behauptet: »Schmutzige Geschäfte mit westlichen Pharmakonzernen brachten dem SED-Regime Millionen. Jahrelang haben westliche Pharmaunternehmen, vor allem bundesdeutsche, aggressive Arzneimittel in Kliniken der damaligen DDR getestet. Die Wirkung war oft verheerend. Patientenaufklärung fand – wenn überhaupt – nur mangelhaft statt. Der SED-Staat kassierte für die Menschenversuche Millionen in harter Währung.«

Dem Senat von Berlin berief umgehend eine Expertenkommission. »In den Medien erhobene Vorwürfe gegen die Art und Weise, wie Arzneimittelprüfungen in der früheren DDR im Auftrag von Arzneimittelherstellern vorwiegend aus der alten Bundesrepublik an Patienten in Ostberliner Krankenhäusern durchgeführt wurden, veranlassten die Senatsverwaltung, diese Vorwürfe überprüfen zu lassen.«

Berufen wurden in die Kommission Frau Prof. Dr. med. Mattheis, Vorsitzende der Ethik-Kommission der Ärztekammer Berlin, Herr Dr. med. Peters, Mitarbeiter der Senatsgesundheitsverwaltung; Herr Prof. Dr. med. Dr. h. c. mult. Prokop, ehemaliger Leiter des Instituts für gerichtliche Medizin der Humboldt Universität; Herr Prof. Dr. med. Coper, Leiter der Abt. Neuropsychopharmakologie der Psychiatrischen Klinik der FU; Herr Dr. med. Moebius, Leiter des Instituts für Arzneimittelinformation.

Die Kommission untersuchte vier Krankenhäuser (einschließlich der Charité) und drei Forschungsinstitute. Sie sprach mit 68 Ärzten, die an Arzneimitteluntersuchungen beteiligt gewesen waren, und sichtete rund 120 Prüfungsunterlagen.

Fazit des auf acht engbeschriebenen Seiten zusammengefassten Protokolls der Kommission: »Es ist zu begrüßen, wenn Massenmedien dem Problem der Arzneimittelprüfung Beachtung schenken, insbesondere, wenn das Interesse der Öffentlichkeit sich auf tatsächliche oder vermutete Verstöße gegen diese Regeln richtet. Dass manche Publikationen – von naturgemäß fachlich weniger Erfahrenen – über das Ziel hinausschießen und dass aktuelle Zeitumstände das Bild beeinflussen, ist erklärlich. Deshalb wurde bei der Durchführung der Untersuchung und der Auswertung der Materialien besonders sorgfältig vorgegangen, um die Tatbestände unter Berücksichtigung der Rahmenbedingungen und Hintergründe vorurteilsfrei zu bewerten. […]

Die der Kommission vermittelten Informationen bieten keinen Anhalt dafür, dass bei klinischen Arzneimittelprüfungen in der ehemaligen DDR grundlegend andere Maßstäbe oder Vorgehensweisen als in der alten Bundesrepublik zur Anwendung kamen.«

In der der Presse übergebenen Erklärung der Kommission hieß es: »Ein gründliches Studium […] ergibt, dass diese nicht hinter, den Regeln des bundesdeutschen Arzneimittelgesetzes zurückblieben, in einzelnen Punkten sogar darüber hinausgingen. So bedurfte in der ehemaligen DDR zum Beispiel jede klinische Arzneimittelprüfung des positiven Votums eines (zentral organisierten) Gutachterausschusses und der förmlichen Genehmigung durch das Gesundheitsministerium.«

Viel Zeit verging, ehe der Firma Grünenthal der Prozess gemacht wurde. Beate Kirk schrieb darüber: »Die Staatsanwaltschaft Aachen als die für den Sitz des Herstellers örtlich zuständige Strafverfolgungsbehörde wurde erstmals gegen Ende November 1961 durch Veröffentlichungen in Tageszeitungen mit den Geschehnissen um Thalidomid und mit Anschuldigungen gegen die Stolberger Herstellerfirma konfrontiert, so dass man in Erwägung zog, von Amts wegen das Vorliegen einer strafbaren Handlung zu untersuchen.

Eine derartige Entscheidung erübrigte sich jedoch: Am 1. Dezember 1961 stellte ein Patient, der seine polyneuritischen Beschwerden auf Contergan-Einnahme zurückführte, bei der Staatsanwaltschaft Hannover eine Strafanzeige gegen das Stolberger Arzneimittelunternehmen. Aufgrund eines Übernahmeersuchens nahm die Staatsanwaltschaft Aachen die Ermittlungen in dieser Angelegenheit auf und setzte am 18. Dezember 1961 ein Untersuchungsverfahren in Gang. Die Aachener Staatsanwaltschaft zeigte indes zunächst eine eher abwartende Haltung.«

Wer das liest, stellt sich die Frage: Worauf könnten die Staatsanwälte in Aachen noch gewartet haben? Auf eine Selbstanzeige aus Stolberg?

Manches lässt darauf schließen, dass das unbegreifliche Warten ein Ende fand, als Staatsanwalt Dr. Josef Peter Havertz am 1. Juni 1962 den Fall übernahm und bald darauf auch die Funktion eines Sonderdezernenten.

Inzwischen waren weitere Strafanzeigen von Eltern geschädigter Kinder eingegangen. Am 4. Juli 1962 tauchten Mitarbeiter der Aachener Staatsanwaltschaft bei Grünenthal auf und führten ein Gespräch mit dem Gesellschafter Hermann Wirtz und leitenden Mitarbeitern des Unternehmens. Man mag es nicht glauben, aber noch im Verlauf dieser Begegnung leugneten die Vertreter des Unternehmens den Zusammenhang zwischen Contergan-Wirkung und Kindesmissbildungen. Die Staatsanwaltschaft entschloss sich, eine »Soko« zu bilden, die 1965 wieder aufgelöst wurde.

Kein Wunder, dass einige der Kläger Verdacht schöpften, das Verfahren gegen Grünenthal solle hinausgeschoben werden, bis es eines Tages verjährt sein würde. So äußerte der Vorsitzende der Interessengemeinschaft für Contergan-Geschädigte, Frenkel, in einem offenen Brief an das Justizministerium von NRW seinen Verdacht, dass die »Contergan-Affäre« »vertuscht« werden solle.

Am 13. März 1967, also fast sechs Jahre nachdem Grünenthal das Medikament aus dem Handel genommen hatte, präsentierte die Staatsanwaltschaft die Anklageschrift gegen den geschäftsführenden Gesellschafter und acht leitende Mitarbeiter des Unternehmens.

Dem Firmenmitinhaber Hermann Wirtz und den übrigen Angeklagten wurden darin fahrlässige und vorsätzliche Körperverletzung vorgeworfen.

In Bezug auf die Missbildungen wurde der Vorwurf fahrlässiger Körperverletzung, teilweise mit Todesfolge erhoben.

Postwendend forderte die Verteidigung kein Strafverfahren zu eröffnen, scheiterte aber schon mit diesem ersten von zahllosen Anträgen, die im Verlauf des Verfahrens eingereicht wurden.

Der Gerichtsreporter des *Spiegel* Hermann Mauz widmete der Eröffnung des Prozesses am 3. Juni 1968 einen überlangen Beitrag.

»Karin, 8, hat langes, blondes Haar, das sie zu einem Pferdeschwanz geknüpft trägt. Ihre Hände sitzen an den Schultern, das rechte Schulterblatt fehlt.

Sie schreibt und malt geschickt mit den Füßen. Besonders gern zeichnet sie Menschen (mit vollständigen Gliedmaßen). Als unlängst Capes für Mädchen Mode wurden, wünschte sie sich eines. Sie trägt es nun, auch wenn es draußen heiß ist.

Zweimal musste Karin, der Schulter wegen, operiert werden. Der Vater, städtischer Angestellter mit mäßigem Einkommen, musste ein Drittel der Kosten selbst tragen. Die Behörde meinte, der Großvater, selbständiger Bauer, könne dazu beitragen. Der aber weigerte sich: ›Aus dem Elend wird doch nichts Rechtes. Das Kind gehört in eine Anstalt.‹

Seit einem Jahr besucht Karin, begleitet von ihrer älteren, gesunden Schwester, eine städtische Volksschule. In der Schule hat sie schon jetzt ihre Schwester überflügelt.

Gretel, 8, liegt, wie ein großer Säugling, in einem Wäschekorb. Handstummel, den Schwimmflossen einer Robbe ähnlich, wachsen aus den Schultern, die Beine sind zu gebogenen Stummeln verkürzt. Beide Augäpfel waren missgebildet und mussten entfernt werden. Das Kind ist, wie die Mediziner es umschreiben, ›geistig schwerstretardiert‹. Kostspielige Versuche, dem Kind zu helfen, sind nicht nötig, weil keinerlei Erfolgsaussicht besteht.

Die Eltern, wohlsituierter Mittelstand, haben ›unsere kleine Gretel‹ als Gottesfügung hingenommen. Der Wäschekorb, mit rosa Rüschen wie ein Babykörbchen dekoriert, steht mitten im Wohnzimmer, auch wenn Besuch kommt.

Christiane, 7, schiebt und lenkt ihren Puppenwagen mit der Brust; sie isst und wäscht sich mit den Füßen. Beim Ringelreihen fassen die Nachbarkinder die beiden einzelnen Finger, die aus Christianes Schultern wachsen.

Mit den Stummeln kann Christiane sich beim Schaukeln festhalten und – wenn auch noch mühsam – pneumatische Armprothesen steuern. Die Kosten dafür (11.000 Mark) teilten sich Ortskrankenkasse und Sozialbehörde. Das Pflegegeld, das die Behörde seit Christianes drittem Lebensjahr an die Familie zahlt, wurde, seit ihr Vater Amtmann ist und etwas mehr verdient, von 75 auf 50 Mark gekürzt,

Christiane besucht seit Herbst vorigen Jahres eine Sonderschule für Körperbehinderte. Sie schreibt schon flott (mit den Füßen). Bei ihren Spielkameraden gilt sie als Rädelsführerin – weil sie besonders kecke und pfiffige Streiche ausheckt.

Wie Karin, Gretel und Christiane leben 2.625 Kinder (so viele jedenfalls sind von den Behörden registriert) in der Bundesrepublik. Einige von ihnen, etwa hundert, sind so schwer geschädigt, dass sie für immer werden in Helmen oder zu Hause im Zimmer leben müssen. Etwa tausend werden ihr Leben lang auf Prothesen, Rollstuhl und die tätige Mithilfe ihrer Umgebung angewiesen sein.

Aber auch sie leben, ebenso wie jene 1.500 Kinder, die weniger stark, vielleicht nur an einem Finger oder an einem Ohr geschädigt sind, zumeist als wache, selbstbewusste, lachende und weinende Kinder, akzeptiert von ihren Spielkameraden, bereit und fähig, ihren Platz in der Gesellschaft einzunehmen – wenn er ihnen eingeräumt wird.

Viele von ihnen haben, als sie gehen und sich bewegen lernten, Sturzhelme tragen müssen. Mühsamer und gefährdeter als andere Kinder mussten sie üben, ihre verkümmerten oder künstlichen Gliedmaßen zu beherrschen. Aber nun tollen sie mit ihren Armstummeln herum, purzeln sie, ihrer Gehbehinderung zum Trotz, ins Schwimmbecken wie ihre gesunden Altersgenossen. Einige hundert gehen schon zur Schule, etwa tausend werden im Laufe dieses Jahres eingeschult.

Sie teilen ihr Schicksal mit insgesamt etwa 200.000 Kindern, die körperlicher oder geistiger Behinderungen wegen besondere Fürsorge brauchen – einem Heer von Hilfsbedürftigen, das im westdeutschen Wohlfahrtsstaat das Grundrecht auf gleiche Lebenschancen und Menschenwürde bisher fast nur als Phrase erfuhr.

Und doch bilden die 2.600 Kinder, von denen in diesen Tagen wieder die Rede ist, eine Schicksalsgemeinschaft. Sie sind Opfer eines katastrophalen Missgeschicks, das in den gläsernen Retorten eines wissenschaftsgläubigen Jahrhunderts zusammengebraut wurde; Leidtragende eines geheimnisvollen Wirkungsmechanismus, der in einen zehntel Gramm einer weißen

Substanz eingebaut war: in dem Schlafmittel Contergan. 310 Millionen Tagesportionen der Einschlaf-Droge sind in den Jahren 1957 bis 1961 verkauft worden. In massiven Werbekampagnen hatte die Herstellerfirma [...] Ärzten, Apotheken und Patienten suggeriert, das Mittel sei ›atoxisch‹, ›gefahrlos‹, ›völlig ungiftig‹. Contergan-Umsatz der Firma Grünenthal in den vier Jahren bis zum Produktionsstopp: 24.197.144 Mark.

Sieben Männer, die an Entdeckung, Herstellung und Vertrieb des ›Jahrhundert-Schlafmittels‹ maßgeblich beteiligt waren, saßen auf der Anklagebank, als am Montag letzter Woche mit dem Versuch begonnen wurde, für die größte Arzneimittelkatastrophe der Geschichte Schuld und Schuldige zu suchen.

Nicht im Gerichtssaal saßen zwei Mitangeklagte, der Grünenthal-Inhaber Hermann Wirtz, 71, und der frühere wissenschaftliche Abteilungsleiter Dr. Heinz Wolfgang Kelling, 48. Ihre Verfahren waren kurz vor Prozessbeginn wegen Krankheit abgetrennt worden.

So blieben übrig: der wissenschaftliche Leiter der Chemie Grünenthal, Diplom-Chemiker Dr. Heinrich Mückter, 53; der Geschäftsführer Jacob Chauvistré, 70; der kaufmännische Leiter Hermann Josef Leufgens, 56; der Prokurist und Vertriebsleiter Klaus Winandi, 54; der frühere wissenschaftliche Abteilungsleiter Dr. Gotthold Erich Werner, 44; der wissenschaftliche Mitarbeiter Dr. Günther Sievers, 45; der Prokurist Dr. Hans Werner von Schrader-Belelstein, 48. Die ihnen zur Last gelegten Delikte lauten im wesentlichen:

- fahrlässige Körperverletzung – teils in Form von Nervenschäden, die bei Patienten nach der Einnahme von Contergan beobachtet wurden, teils durch die Missbildungen während der Schwangerschaft;

• fahrlässige Tötung – von Kindern, die infolge schwerer Contergan-Missbildungen lebensunfähig waren;

• vorsätzliche Körperverletzung – gleichfalls in Fällen von Nervenschädigungen durch Contergan;

• Verstoß gegen das Arzneimittelgesetz – nach dem es verboten ist, ›Arzneimittel in den Verkehr zu bringen, die geeignet sind, bei bestimmungsgemässem Gebrauch schädliche Wirkungen hervorzurufen, die über ein [...] vertretbares Mali hinausgehen [...].‹

Vor 100 Zuschauern und 200 Journalisten aus aller Welt begann im Kasino-Saal der Grube ›Anna‹ in Alsdorf bei Aachen einer der größten Strafprozesse in der Geschichte der deutschen Justiz. Voraussichtliche Dauer: ein bis zwei Jahre.

Drei Berufsrichter und zwei Schöffen sitzen zu Gericht. 14 Verteidiger der Angeklagten werden mit drei Vertretern der Staatsanwaltschaft und den bis zu zehn Vertretern der 300 bislang zugelassenen Nebenkläger ringen. 352 Zeugen, darunter 190 Mediziner, und außerdem 29 medizinische und pharmakologische Sachverständige (darunter 26 Professoren) hat allein die Staatsanwaltschaft benannt.

Die Anklageschrift umfasst 972 Seiten.

Die Prozessakten füllen 264 Leitz-Ordner: 750.000 Blatt Dokumente, Gutachten, Aussagen.

Aber der Monster-Prozess in Alsdorf bei Aachen ist mehr als eine kafkaesk anmutende Rechts-Schlacht in papierenen Labyrinthen. Er ist das zur Schau gestellte Alibi einer Gesellschaft und eines Staates, die sich nicht fähig und nicht willens zeigten, zu erfüllen, was ihr Teil gewesen wäre: eine von Menschen ausgelöste Katastrophe, deren Folgen überschaubar und deren Ursachen erkennbar waren, in gemeinschaftlicher Hilfe aufzufangen und ihre mögliche Wiederholung nach Kräften auszuschließen.

Neun Männer wurden angeklagt. Nicht angeklagt ist die Bereitschaft eines wissenschaftsgläubigen Zeitalters, Medikamente in Tonnen-Quantitäten zu konsumieren, obwohl die Wissenschaftler bei den meisten Medikamenten bis heute nicht wissen, auf welche Weise sie im menschlichen Organismus wirken.

Strafrechtlich kaum fassbar ist das Gewinnstreben eines überschießenden, unkontrollierten Unternehmertums, das mit massiver, unwahrhaftiger Werbung einen Massenbedarf für Drogen erst schafft und dann befriedigt, mit derselben Bedenkenlosigkeit, als seien es Herrensocken oder Plastikbadewannen; das Verkauf und Werbung unbekümmert fortsetzt, auch wenn Gefahren – ernste Gesundheitsschäden – sich schon abzeichnen; das nach wie vor, trotz einer Katastrophe, Arzneimittel-Kontrollen, die eine größere Sicherheit gewährleisten könnten, ablehnt und zu umgehen sucht.

Und nicht vor Gericht zu stellen ist eine Gesellschaft, die einem ›nationalen Unglück‹ (Medizin-Journalist Friedrich Deich über die Contergan-Katastrophe) fast unbeteiligt zusah, sich von den Opfern abwandte und finanzielle Hilfe, wie sie nötig wäre, in Bürokratie und in den Eifersüchteleien monopolistischer Wohlfahrtsverbände sich verstricken ließ. Maßstäbe dafür, wie Staat und Gesellschaft die Katastrophe hätten beantworten sollen, setzten andere, von Contergan-Folgen weit weniger betroffene Länder.«

Nein, Mauz meinte nicht die DDR, denn die war ja von den Folgen nicht betroffen. Bis eben auf jene acht Fälle, in denen übrigens niemand herauszubekommen versuchte, auf welchem Weg diese Tabletten ins Land gelangt waren.

Mauz befasste sich auch mit der Spendenfreudigkeit bundesdeutscher Bürger:

»Als die deutsche Parallel-Organisation (›Contergankinder-Hilfswerk‹) im vorletzten Jahr 40.000 Bittbriefe an Industrie-Betriebe verschickte, kamen knapp 55.000 Mark ein. Und für das in München geplante Zentrum für gliedmaßengeschädigte Kinder – geschätzte Kosten des ›eingeschränkten‹ ersten Bauabschnitts: 3,6 Millionen Mark – gingen zwischen 1963 und 1965 ganze 1.000 Mark Spenden ein.

In Deutschland entwickelten Pharmakologen und Ärzte gleichfalls, zwei und vier Jahre nach dem Contergan-Unglück, Richtlinien für die Erprobung und Prüfung neuer Medikamente. Aber keine dieser Richtlinien ist bis heute von der Pharma-Industrie als verbindlich akzeptiert worden. [...] Die Welle der Contergan-Missbildungen kam wie eine Naturkatastrophe über dieses Land. Als 1960 mehrere Städte in Chile durch eine Erdbeben-Serie verwüstet wurden, stiftete die Bundesregierung zehn Millionen Mark. Nach der Hamburger Flutkatastrophe von 1962 zahlten Bund und Land 100 Millionen Mark an die Geschädigten; 44 Millionen Mark Spenden gingen ein. [...] Im Zusammenhang mit der Contergan-Katastrophe hat das Bundesgesundheitsministerium bisher insgesamt 11,5 Millionen Mark ausgegeben. Dieser Betrag kam teils dem – ohnehin geplanten – Ausbau von Fachkliniken, Heimen und Sonderschulen, teils der Entwicklung von Prothesen und anderen Hilfsmitteln zugute, nicht aber unmittelbar den Betroffenen.

Der Staat zeigte sich zum Improvisieren nicht bereit und zu vorsorglichem Handeln unfähig. [...]

Statt dessen verschanzte sich der Bonner Staat, was Hilfe für die betroffenen Familien anging, hinter dem (schon einige Monate vor Bekanntwerden der Contergan-Missbildungen beschlossenen) Bundessozialhilfe-Gesetz, das die Opfer der Katastrophe in die Rolle von Almosenempfängern und Bittstellern drängte.

Und die Frage, ob die tieferen Ursachen für das Contergan-Debakel nicht womöglich in einem allzu liberalen Unternehmerklima der deutschen Pharma-Industrie zu suchen seien, wurde gar nicht erst gestellt. Staat und Gesellschaft wichen der Frage aus. Die Justiz musste ein weiteres Mal herhalten, die Schuld zu personalisieren, Schuldige namhaft zu machen und, falls strafrechtlich fassbar, zu bestrafen.

Dass die Justizmaschinerie dieses Alibi für die Gesellschaft nur schwerlich wird produzieren können, bewies schon die Vorgeschichte des Contergan-Prozesses. Sechseinhalb Jahre waren nötig, ihn in Gang zu bringen.

Wann immer Eltern gliedmaßengeschädigter Kinder, gedrängt von finanzieller Not, von der Herstellerfirma Grünenthal Entschädigung zu erklagen suchten, wurden sie hinhaltend beschieden: Erst müsse geklärt werden, ob sich die Firma im strafrechtlichen Sinne schuldig gemacht habe. Aber schon bei der Entscheidung, ob es zur

Anklageerhebung reiche, sah sich die Aachener Staatsanwaltschaft den kniffligsten Problemen gegenüber.

Eine neue Form von Schuld und Verstrickung, scheint es, war da mit im Spiel, die sich mit herkömmlichen Rechtsnormen nicht fassen lässt – eine Schuld, bei der die Taten einzelner Beteiligter oft nur den Stellenwert eines Atoms in einem Makrokosmos haben. [...]

Die Vertreter der Anklage meinen vielmehr, dass sie den Beweis einer subjektiven Schuld der Angeklagten auf eine weit eindrucksvollere, ja dramatische Weise mit jenem Prozessmaterial werden führen können, das nun in Alsdorf eine ganze Aktenkammer füllt. [...]

Freilich, der Blick in diese Dokumente fördert mehr zutage, als für die Urteilsfindung der Aachener Richter nötig ist. Er gewährt Einblick in ein nicht unbedenkliches Stück bundesdeutscher Wirklichkeit: Er enthüllt, bis zu welch gefährlichem Maße unternehmerisches Erfolgsdenken jenes ›Bewusstsein der Verantwortung‹ zu bedrängen und zu verdrängen vermag, dessen sich gerade die Pharma-Industrie vor allem anderen rühmt.

Im Treibhausklima des nachkriegsdeutschen Wirtschaftsbooms hatte sich denn auch geradezu modellhaft der Aufstieg der Firma Chemie Grünenthal vollzogen, die heute zu den zehn umsatzstärksten Unternehmen der pharmazeutischen Industrie zählt. [...]

Wichtigste Schlussfolgerung in der Grünenthal-Zentrale ›Kupferhof‹ Anfang der fünfziger Jahre: Die Firma muss aus dem bis dahin engen Sortiment von Antibiotika heraus und sich zumindest noch auf einem zweiten Pharma-Sektor Marktanteile erkämpfen. Diese Chance schien sich zu eröffnen, als 1964 die Grünenthal-Wissenschaftler […] die neue Substanz […] fanden, die später unter der internationalen Bezeichnung Thalidomid geführt und zunächst unter der Labor-Chiffre K 17 geprüft wurde. […] Die Chemie Grünenthal schien einen Königsweg zu Schlaf und Beruhigung jenseits der Gefahren entdeckt zu haben.« Soweit Mauz im *Spiegel* im Juni 1968 bei Prozessbeginn.

Königsweg? Für die Konten der Firma erwies er sich als Kaiserweg! Für die Betroffenen als Weg in die Hölle!

Und wie reagierte der »Rechtsstaat« BRD?

Ein Prozess wurde eröffnet. Wie schon festgestellt – nach Jahren. Diese Feststellung ist von Belang, weil die Opfer in diesen Jahren nicht etwa von einem Sofortprogramm der Regierung umsorgt waren, sondern immer wieder erfuhren, dass zunächst die »Rechtslage« geklärt werden müsse. Verständlich, in einem »Rechtsstaat«.

Beate Kirk schrieb darüber »Die Anklageschrift umfasste 997 Seiten und enthielt die Namen von 29 Sachverständigen und 352 Zeugen. Über 400 Geschädigte schlossen sich bis April 1968 der öffentlichen Klage als Nebenkläger an. […] Der Vorsitzende der Ersten Großen Strafkammer des Aachener Landgerichts, Landgerichtsdirektor Dr. Peter Weber, leitete als Vorsitzender Richter bis zum 155. Prozesstag die Hauptverhandlung. Aus gesundheitlichen Gründen schied er am 9. September 1969 aus dem Strafverfahren aus, den Vorsitz übernahm nun der bisherige Beisitzer, Landgerichtsrat Dr. Benno Dietz. […]

Die Kosten für die Verteidigung ihrer Mitarbeiter übernahm die Fa. Chemie Grünenthal. Die Verteidiger waren als sehr erfolgreiche Rechtsanwälte bekannt. Über ihre Auswahl berichtete der als Oberstaatsanwalt am Gerichtsverfahren teilnehmende Havertz rückblickend: ›Als Verteidiger im Rahmen des Strafverfahrens, d. h. von 1962 bis 1970, sind insgesamt – also nicht gleichzeitig - mehr als 30 Rechtsanwälte tätig gewesen. Die Verteidiger waren nicht nur nach fachlichen, sondern auch nach politischen Gesichtspunkten ausgewählt. Sie kamen aus Frankfurt, Düsseldorf, Stuttgart, Hamburg, Erlangen, Bochum, Bonn und anderen Städten.‹ [...]

Am 26. Januar 1970 gab die Fa. Grünenthal bekannt, dass sie bereit wäre, für die betroffenen Kinder einen Betrag von 100 Millionen DM zur Verfügung zu stellen, wenn damit alle weiteren Forderungen an das Arzneimittelunternehmen und die Angeklagten ausgeschlossen würden. [...]

Am 281. Verhandlungstag, dem 7. Dezember 1970, beantragte ein Verteidiger die Einstellung des Gerichtsverfahrens nach § 6 der Menschenrechtskonvention wegen einer dem Straftatbestand unangemessenen Dauer des Prozesses; falls dies nicht möglich wäre, sollte die Einstellung nach § 153 Absatz 3 der Strafprozessordnung erfolgen. Dieser Paragraph machte die Einstellung eines Strafprozesses unter dem Vorbehalt der Zustimmung der Staatsanwaltschaft möglich, wenn das Verschulden der Angeklagten gering war und *kein öffentliches Interesse* an der weiteren Strafverfolgung bestand. [...] Ein Einstellungsbeschluss war unanfechtbar, konnte also nicht durch eine höhere Gerichtsinstanz aufgehoben werden.«

»Kein öffentliches Interesse«? Wer befand über die Dimension des *öffentlichen Interesses*? Das Gericht? Es sollte befinden, dass kein öffentliches Interesse daran bestand herauszufinden, wer Schuld daran trägt, dass Tausende Kinder armlos oder sonstwie verkrüppelt geboren wurden und sich nun mit diesen Missbildungen durchs Leben schlagen müssen.

Entschied dies wirklich das Gericht? Frei und unabhängig?

Die Staatsanwaltschaft, die Monate an der Anklageschrift gearbeitet hatte, stimmte in der Sitzung am 11. Dezember 1970 der Einstellung des Verfahrens zu. In der folgenden Sitzung am 18. Dezember 1970 verkündete die Strafkammer des Aachener Landgerichts den Einstellungsbeschluss.

Über die Haltung der Staatsanwaltschaft urteilte Beate Kirk: »Der Staatsanwalt Havertz äußerte sich 1976 zur Einstellung: ›Durch diese neue Situation wurde die Staatsanwaltschaft – und nach deren Zustimmung auch das Gericht – vor eine Entscheidung gestellt, die zu Prozeßbeginn in keiner Weise zu erwarten gewesen war. [...]‹

Zu den Ursachen, die die Erteilung der zur Verfahrenseinstellung notwendigen Zustimmung der Staatsanwaltschaft nicht nur vertretbar, sondern geboten erscheinen ließen, gehörte, dass bis zu diesem Zeitpunkt infolge von nicht widerlegbaren Verhandlungsunfähigkeitsattesten das Verfahren gegen vier der ehemals neun Angeklagten abgetrennt worden war und sich Krankmeldungen noch weiterer Angeklagter auch schon konkret abzuzeichnen begannen. Die Staatsanwälte befürchteten, dass in Anbetracht einer zur Zeit der Hauptverhandlung verkündeten Änderung der Verjährungsfristen die

Möglichkeit eines baldigen Prozessendes ohne Stellungnahme des Gerichts zu den Kausalitäts- und Verschuldensfragen nicht auszuschließen wäre. Hinzu kam, dass infolge des Vergleichsvertrages vom 10. April 1970 die finanzielle Lage der thalidomidgeschädigten Kinder und ihrer Familien erstmals gesichert erschien.«

Immerhin stellte die Staatsanwaltschaft fest, dass die im Verlauf des Verfahrens nachgewiesenen Tatbestände die Anklage »in den wesentlichen Punkten« bestätigte und sah es als erwiesen an, dass das Medikament die Nervenschäden und Missbildungen verursacht hatte.

Als das Verfahren am 18. Dezember 1970 eingestellt wurde, berief sich das Gericht auf § 153 Abs. 3 der Strafprozessordnung, der in Kraft tritt, wenn das Gericht die Schuld der Angeklagten als geringfügig bewertet und fehlendes öffentliches Interesse an einer Fortsetzung des Prozesses festgestellt wird.

Diese Feststellungen des Gerichts müssen nicht kommentiert werden. Wer sie in seiner Funktion als Richter mit seinem Gewissen verantworten kann, mag das bekunden.

Der größte Skandal der Medizingeschichte in der Bundesrepublik Deutschland endete ohne Strafe. Wie das die Bundesrepublik mit ihrem Ruf als Rechtsstaat vereinbart, ist allein ihre Sache. Nachgewiesenermaßen schneidet die Deutsche Demokratische Republik in diesem Fall menschenwürdiger ab als der andere deutsche Staat und selbst die spektakulärsten Dokumente, die möglicherweise die Birthler-Behörde morgen oder übermorgen aus ihren Regalen kramen sollte, werden daran nicht das geringste ändern!

Nicht übersehen werden darf, dass die Bürger der DDR mit »Mauerfall« und »Einheit« in eine Gesellschaft gerieten, in der man sich damit abfinden muss, dass Medikamente nicht nach ihrem Nutzen für die Erhaltung oder Bewahrung der Gesundheit bewertet werden, sondern nach ihren Chancen, Gewinn zu erzielen oder – deutlicher und präziser benannt: Profit.

Inzwischen stehen längst neue Prozesse auf der Tagesordnung. So wegen des Schmerzmittels Vioxx. Experten schätzen ein, dass mehr als 7.000 Patienten allein in Deutschland zwischen 2001 und 2004 nach der Einnahme des Mittels erkrankt oder gestorben sind. Eine Klagewelle kam in Gang.

Der Berliner *Tagesspiegel* meldete am 20. November 2009, dass der US-Pharmakonzern Merck & Co. (MSD) eine juristische Niederlage erlitten habe. Das Oberlandesgericht Brandenburg hatte eine deutsche Merck-Tochter verpflichtet, alle internen Unterlagen über Nebenwirkungen des Schmerzmittels herauszugeben. Kläger war ein Berliner Witwer, dessen Ehefrau 2004 an einem Herzinfarkt gestorben war, nachdem sie viereinhalb Jahre lang Vioxx eingenommen hatte. Anwalt Heynemann ging davon aus, dass sich in den Unterlagen von MSD bislang geheim gehaltene Studien finden könnten, aus denen hervorgeht, dass das Unternehmen schon im Jahr 2000 von den Risiken wusste. »Dann hätte Vioxx sofort vom Markt genommen werden müssen.«

Bliebe als Kommentar nur noch der von Erich Maria Remarque erfundene und sich durch die Jahrzehnte behauptete Buchtitel: »Im Westen nichts Neues«.